前　言

能源革命与数智革命加速融合，电力行业迎来全面转型升级机遇期。在"不进则退、慢进亦退"的发展形势下，加快数智化转型，驱动发展方式、生产模式和治理形态变革，实现对电网全环节、全链条、全要素灵敏感知和实时洞悉、网络结构动态优化、生产运行精准控制、用户行为智能调节，成为推动电网和电力公司高质量发展的必然选择。

统计数据是国家宏观调控和科学决策的重要依据，是各级政府施政决策的重要基础，是人民群众参与经济社会活动的重要参考。电力生产统计数据作为经济运行的要素资源，是政府政策制定的重要参考依据。国家电网公司深刻认识在新时代下电力统计工作的责任和使命，提出了"坚持真实诚信统计，着力创新数据分析，加快构建管理规范、数据真实、统计智能、业务高效、保障有力的现代统计工作体系"的发展思路和战略方针。在数据精准度、统计结果上报时效性与分析深度等要求不断提升的新形势下，电力统计业务数字化对各环节、各流程的支撑力亟待提升，电力统计数智化转型势在必行。本书围绕电力统计数智化转型这一主题，结合国网浙江省电力公司的相关实践，从背景、路径、方法、实践及展望等入手，对电力统计数智化转型之路展开系统阐述。

全书共 5 章。第 1 章从电力统计工作现状及存在的问题、电力统计数智化转型面临的机遇与挑战、国家电网公司对电力统计数智化转型的要求这三个方面介绍了电力统计数智化转型背景。

第 2 章从为什么转、向哪里转以及怎么转这三个方面系统阐述了电力统计数智化转型的路径。

第 3 章阐述了电力统计数智化转型的方法论，包括电力统计数智化转型的基础、推进思路、总体框架等。

第4章结合国网浙江电力在电力统计数智化转型的实践，总结归纳出电力统计业务流程RPA项目实施框架，包括初始化、实施、推广三个阶段和九个核心环节。

第5章从电力统计数智化发展现状、前沿技术应用现状以及数智化技术发展等方面出发对电力统计数智化进行了展望。

他山之石、可以攻玉，希望本书对于奋战在电力数智化转型工作一线的同仁有所助益。

电力统计数智化
转型与浙江实践

国网浙江省电力有限公司发展策划部
国网浙江省电力有限公司金华供电公司　组编

钱　啸　何明锋　主编

中国电力出版社
CHINA ELECTRIC POWER PRESS

内 容 提 要

电力生产统计数据作为经济运行的要素资源，是政府政策制定的重要参考依据。本书对电力统计数智化转型的路径、方法进行了系统总结，立足国网浙江省电力有限公司在电力统计数智化转型方面的实践，提炼了一套指导电力统计数智化转型项目的实施框架，可有效提升电力统计数智化转型项目的成功率。

本书适合电力企业从事数智化转型和 RPA 项目管理的人员参考、借鉴，并可供相关专业的读者阅读。

图书在版编目（CIP）数据

电力统计数智化转型与浙江实践／国网浙江省电力有限
公司发展策划部，国网浙江省电力有限公司金华供电公司
组编；钱啸，何明锋主编. -- 北京：中国电力出版社，
2025. 2. -- ISBN 978-7-5198-9525-9

Ⅰ. F426.61-39

中国国家版本馆 CIP 数据核字第 2025R42Y59 号

出版发行：中国电力出版社
地　　址：北京市东城区北京站西街 19 号（邮政编码 100005）
网　　址：http://www.cepp.sgcc.com.cn
责任编辑：崔素媛（010-63412392）
责任校对：黄　蓓　朱丽芳
装帧设计：张俊霞
责任印制：杨晓东

印　　刷：北京九天鸿程印刷有限责任公司
版　　次：2025 年 2 月第一版
印　　次：2025 年 2 月北京第一次印刷
开　　本：710 毫米 ×1000 毫米　16 开本
印　　张：7.5
字　　数：108 千字
定　　价：58.00 元

编 写 组

主　编　钱　啸　何明锋

副主编　季克勤　程　颖　吴　峰　丁　珊

参　编　贺　燕　马　蕾　叶　宏　程朝阳　瞿迪庆　李　磊
　　　　陆智通　汤春俊　张　力　项晓宇　陆海波　郑　航
　　　　施　阳　徐　敏　张　帅　吕　齐　杨怀仁　吴舒泓
　　　　黄德蓉　郑　琦　黄光群　龙正雄　王　鹏　赵淑敏
　　　　陈　敏　孙爱民　王　敏　凌　攀　李灿灿　黄彬彬
　　　　谢　铖　陶佳融　周舒婷　周　宁　陈宇航　黄昱凯
　　　　方伟飞　李明浩　杨星旻　程　聪

目　录

第1章　电力统计数智化转型背景

当前世界处于百年未有之大变局，以数字化、网络化、智能化为特征的新一代信息技术日益创新突破，推动全社会进入数字化时代。数字经济蓬勃发展，各行各业面临数字化生存考验。习近平总书记指出，世界经济数字化转型是大势所趋，新的工业革命将深刻重塑人类社会。

与此同时，能源革命与数字革命加速融合，电力行业迎来全面转型升级机遇期。在"不进则退、慢进亦退"的发展形势下，加快数字化转型，驱动发展方式、生产模式和治理形态变革，成为推动电网和电力公司高质量发展的必然选择。

国家电网公司明确建设具有中国特色国际领先的能源互联网企业战略目标，为数字化转型指明了方向、明确了目标。

国家电网公司在"十四五"数字化转型规划相关文件中提到：首先，数字化转型是推动能源转型、服务碳达峰碳中和目标的迫切需要。电力系统"双高""双峰"特征凸显，面对加速推进能源清洁转型的强烈信号以及新能源大规模高比例并网，分布式电源和微电网接入等多重挑战，亟待运用数字技术，着力破解安全、经济和绿色发展"不可能三角"难题，提升电网全息感知、灵活控制、系统平衡能力，有效支撑水火风光互补互济、源网储荷协同互动，让电网更绿色、安全、智慧、友好，加快推动电网向能源互联网升级。其次，数字化转型是顺应数字经济发展、服务新发展格局的迫切需要。国家第十四个五年规划纲要指出，要加快数字化发展，建设数字中国。国资委明确要求大力推进央企数字化转型，组织实施央企数字化转型专项行动计划。数字技术与各行各业深度融合，持续重塑生产组织方式和运营模式，新业务、新业态、新模式不断涌现。我国数字经济规模占 GDP 比重已经超过 40%。随着数据要素、数字技术和互联网模式的引入，能源电力发展进入全新格局，亟待以数字化为手段，主动融入数字经济发展浪潮，优化提升传统业务、培育发展新兴业务，积极开拓能源数字经济这一巨大的蓝海市场，服务数字社会经济高质量发展和新发展格局。最后，数字化转型是推进国家电网公司战略目标落地、实现高质量发展的迫切需要。建设能源互联网企业的战略目标亟待推动电网智能化升级和企业数字化转型，亟待运用数字技术，加快推进电网生产、企业经营、客户服务等全业务、全环节数字化转型，用更加科学、经济、高效的方式提升电网安全可靠运行和优质服务水平；亟待通过数字化转型推动电网业务和数字技术融合创新，释放数据这一新型生产要素的"倍增效应"，深挖数据价值，带动产业链上下游共同发展，服务国家治理体系和治理能力现代化。

呼应国家电网公司的要求，2023 年 7 月，国网浙江省电力有限公司（简称国网浙江电力）印发《国网浙江省电力有限公司"数字浙电"总体建设方案（2023 版）》，要求围绕电网配置能力、企业治理能力和社会综合能效，充分发挥数字化引擎、引领、赋智、赋能作用，推动电网数字化转型、企业管理转型、能源绿色转型。

"数字浙电"的核心内涵是电网数字化、管理数字化、服务数字化。通过以上"三化"，实现"三个转型"，即电网数字化转型、企业管理转型和能源绿色转型；推动"三个提升"，即电网配置能力提升、企业治理能力提升和社会综合能效提升。在管理数字化方面，该方案要求推动企业管理全环节全过程线上化，打破各专业间的壁垒，深化数据共享、流程融通，高效实现工作平台化、业务数字化、管控精细化。

为推动"数字浙电"落地，该方案要求建设一个平台（技术底座）、一个大脑（实现智能决策）和落地六大业务应用（发展规划、设备管理、市场营销、电网建设、电力交易、经营管理）。

国家电网公司和国网浙江电力的数字化转型规划及方案对电力统计数智化转型提出了明确的要求，指明了发展的方向和路径。

1.1　电力统计工作现状及存在的问题

统计数据是国家宏观调控和科学决策的重要依据，是各级政府施政决策的重要基础，是人民群众参与经济社会活动的重要参考。电力生产统计数据作为经济运行的要素资源，是政府的政策制定参考的重要依据。国家电网公司深刻认识在新时代下电力统计工作的责任和使命，提出了"坚持真实诚信统计，着力创新数据分析，加快构建管理规范、数据真实、统计智能、业务高效、保障有力的现代统计工作体系"的发展思路和战略方针。在数据精准度、统计结果上报时效性与分析深度等要求不断提升的新形势下，电力统计业务数字化对各环节、各流程的支撑力亟待提升。电力统计工作存在人工成本高、工作涉及面广、时效性要求高、逻辑规则复杂等特点，存在数出多门、重复统计、线下收集、人工干预等诸多痛点。随着统计数据的海量增长，依赖设备、人力的相对较为传统统计方式，其人工成本高、工作效率低且易出错的特性，已成为基层的难点痛点。结构性缺员加上自动化、智能化水平不高，导致数据感知能力和关联反馈能力不强，制约了统计业务的数字化转型和电量等电力大数据的价值挖掘。

目前面向基层的电力统计可大致分为日报、月报、季报和年报，其中日报主要涉及"同期电量监测"，包括开展供售电量日监测工作。日常数据的异常监测由统计人员人工提交上报，由于缺少系统自动识别校验机制，因时间紧迫导致无法精确开展各基层单位的供售电量监测，也缺乏对异常数据的智能判别能力。月报主要涉及各类发电厂报表收集填报、分行业、分电价售电量情况填报，关口电量填报等，覆盖"发、供、用、售"全过程。此类报表模式相对固定，但对时效性以及数据的准确性有很高要求。统计年报主要涉及网上电网"源网荷储全量设备智能统计"和"县域概况统计"，目前"源网荷全量设备智能统计"中源端系统设备数据尤其是县市区分局的设备从 PMS、营销、调度引入后，存在源端数据质量差异大，源端治理协同困难等问题，特别是配电网设备，单个县公司就有几十万条记录，在年报的审核方面存在数据量大、异常数据核对耗时长等问题。

综合起来看，电网统计业务具有时间刚性特点，数据汇总、核实和原始数据统计工作具有重复度高、数据来源范围广泛、易出错的特点，对工作效率提升形成较大的制约。与此同时，低效、机械性强的工作模式，制约了统计员工对数据的挖掘和对统计业务深入思考的空间。

1.2　电力统计数智化面临的机遇与挑战

伴随着人类历史上最广泛、最快节奏的数字技术革命，数据逐步成为国家最重要的战略资源和核心创新要素，推动数字经济高质量发展。数据要素价值不断显现，社会各界对数据资源越来越重视，需求也随之不断增加，统计机构面临数据服务需求增加和采集能力提升不足的压力。为更好地适应数字化时代需要，统计理论、制度方法、标准和应用方面需加快创新步伐，采用数字化转型战略主动应对新需求、新挑战。

国家电网公司一直将数字化作为电网转型升级和企业创新发展的重要抓手，十几年如一日地持续推进。自"十一五"以来，通过3个五年发展，实现了数据获取从无到有、信息从分散向集中、业务从线下向线上转变。在"十一五"阶段，主要解决从无到有的问题，人财物核心资源和设备、基建、营销等核心业务全部实现由线下到线上信息化管理，同时也实现了部分数据采集的数字化，如通过智能电能表自动化采集用户用电信息；在"十二五"期间，主要实现了由孤岛到集成、从壁垒到协同，信息系统逐步完成集中、集成和融合；"十三五"的转型工作主要是建成国网云平台，应用系统逐步云化，力求实现数据充分共享、业务深度融合、系统安全可靠；"十四五"期间，国家电网公司大力推进"智慧国网"建设，主要通过"三融三化"和"三条主线"进行数字化转型升级，其中"三融"就是将信息技术、数字技术全面融入电网业务、融入生产一线、融入产业生态，"三化"就是架构的中台化、数据的价值化和业务的智能化，"三条主线"是指能源电力数字化、运营服务数字化、能源数字产业化。

目前，国家电网公司已经在营销、生产管理、人力资源、财务等多专业启动业务应用转型，为企业的数字化发展及电力统计工作的数智化发展奠定坚实基础。

与此同时，我们也应看到电力统计数智化转型面临的诸多挑战。

挑战一：数字感知能力不强。源头数据的离线化、碎片化产生数据应用瓶颈。电网企业数据在线化水平不足、源头数据质量不高等问题限制了更高层次、更高质量的数据应用，数字化感知以及电力统计分析基础并不牢固。

挑战二：业务融合程度不足，阻碍和壁垒导致资源未能有效流动和融合。电网企业资源流通的内外部阻力较多，部门间沟通协同不畅，部门墙、数据烟囱现象并不鲜见，导致业务融合、数据融合的程度不足，缺乏对电力统计的全业务视域支持。

挑战三：决策响应速度滞后，对市场倒逼压力反应不够敏锐。电力统计分析的结果如何及时有效地推动企业运营、管理以及战略决策转向仍有待探索，依靠数字化创建公正透明的运作机制、及时响应的决策机制势在必行。

挑战四：越来越高的统计分析需求。随着业务系统和数据中台建设及应用的推进，越来越多的业务部门具备开发、挖掘和利用数据资源的能力，许多数据信息可以不通过统计部门直接获取，及时性显著增强，严重动摇了统计部门作为数据提供者和发布者的根本地位，弱化了统计的权威性。与此同时，固化的统计体系难以满足多样化、即时化、定制化的统计分析需求，给统计部门带来了较大的挑战。

挑战五：需要适合数字时代的统计制度和统计方法。当前统计工作获取数据信息的方式以统计报表为主，统计机构运用网上电网平台对上报的数据逐级核查验收，工作环节较多、流程较长，而且数据的体量和范围均受到调查项目的要求限制。在数字时代，数据生产社会化已经是大势所趋，传统统计工作流程将被打破。数据采集上，统计工作需要越来越多直观的、非结构化的数据用于统计分析，而现有的统计系统缺乏更为精细化、专业化的统计指标，难以匹配数据需求方对及时性、准确性和易懂性的要求，统计制度和统计方法必然需要相应改变。

1.3 国家电网公司对电力统计数智化转型的要求

2021 年，国家电网公司提出了《数字化转型发展战略纲要》。纲要明确提出"为凝聚共识、共绘蓝图，公司研究编制数字化转型发展战略纲要，重点阐述 2035 年公司数字化转型的目标框架、发展愿景和重点任务，以数字化转型为载体，推动能源互联网建设，服务能源转型和'双碳'目标，服务构建新发展格局，为数字中国贡献国网力量。"

该纲要提出六大核心任务：打造新型数字基础设施、升级电网智能基础设施、构建电网智慧运营体系、构建企业智慧运营体系、供给高品质能源数字服务、重塑能源战略性新兴产业。在"构建企业智慧运营体系"这个部分，提出构建企业级智慧决策体系，要求打造数据驱动的企业精益管理模式，推进数据深度共享、资源最优配置、业务高效协同，实现企业资源精益化调配。打造企业级智慧大脑，实现公司内外部运营的动态感知、预警预测、自主决策和精准执行。电力统计无疑是构建企业级智慧决策体系的重要组成部分。

为达成六大任务，该纲要提出以"三融三化"的总体思路，全力推动公司全业务、全环节数字化转型。为达成转型，该纲要提出做好数据资源治理应用、数字技术融合创新以及数字生态合作共赢。在推动数据资源治理应用方面，提出推动数据管理体系化、规范化，强化数据治理和运营，提升企业级数据管理能力，深化大数据应用和价值挖掘，释放数据价值；在数字技术融合创新方面，聚焦高端芯片、智能传感、边缘计算、区块链和人工智能等关键核心技术，加强融合创新，推进各领域应用，推动科技创新与产业升级相互促进；在数字生态合作共赢方面，加强平台赋能和数据流动，推动与产业链上下游、生态各相关方的广泛连接，布局跨界创新业务，培育生态文化，构建互利共赢、开放共享的能源数字生态。

第 2 章　电力统计数智化转型路径

讨论转型路径之前需要正本清源，厘清数智化转型的概念。

数字化理论肇始于欧美，转型的概念源于私企的相关实践。Matt（2015）[1]认为，数字化转型战略是通过数字技术整合实现组织变革，加强公司管理，支持转型后的运营。随着数字技术在各行业广泛应用，数字化转型的概念也得到了进一步拓展和延伸。Agarwal（2010）[2]和 Majchrzak（2016）[3]等学者认为，数字化转型指通过使用数字技术深刻改变社会和行业。作为一个改革过程，它强调通过信息、计算、通信和连接性技术的结合产生重大变化，并改进实体的过程。数字化转型作为一种归纳框架，描述了组织对环境中发生的变化做出响应的过程，通过数字技术的应用来改变价值创造模式。而在国内，数字化转型的概念又有了不同的诠释。翟云（2021）[4]认为数字化转型就是在各个领域运用数字技术，实现政治、经济、文化、社会、生态文明建设的全面数字化。这种数字化转型具有中国特色，是在中国国情下推进数字化转型的一种实践，可以从高效性、增值性、全局性及开放性 4 个维度探析数字化转型引领国家治理现代化的作用机理。刘渊（2021）[5]认为数字化改革，既是数字化赋能全面深化改革，也是将数字领域纳入改革范畴。数字化改革呈以下 3 方面特征内涵：以数字技术为要素催生改革新动能、以数字应用为载体架构改革新空间、以数字治理为模式共创改革新价值。吴江（2021）[6]等人通过梳理文献，将企业数字化转型定义为：数字化转型是指企业利用信息、计算、沟通和连接技术，重新设计产品和服务、业务流程、组织结构、商业模式和合作模式，以更加高效和智能的方式进行商业活动，从而创造更多价值。

在技术层面，数字化的发展主要包括信息化、网络化及智能化 3 个方面。信息化的核心是通过数据反映和记录企业运营管理的全过程，通过信息系统固化业务流程，实现业务从线下到线上的转变。网络化的核心是通过物联网、移动互联网等技术实现万物互联。智能化的核心是通过人工智能（Artificial Intelligence，AI）、大数据等技术对海量数据进行广泛且深度的开发与利用，实现与物理世界和现实业务的在线闭环，最终向具有自学习、自调节、自主、自治能力的智慧化方向演进。

2.1 电力统计数智化转型——为什么转

1. 落实数字生态文明重大决策的必然要求

习近平总书记强调："建设生态文明，关系人民福祉，关乎民族未来。"2023 年 2 月，中共中央、国务院印发《数字中国建设整体布局规划》，明确提出建设绿色智慧的数字生态文明，要求到 2025 年数字生态文明建设取得积极进展。这是党中央、国务院在迈向全面建设社会主义现代化国家新征程、向第二个百年奋斗目标进军的关键时刻做出的重大部署。为此，我国电力企业必须强化顶层设计、强化数据赋能、强化创新引领，以数字化引领绿色化、以绿色化带动数字化，顺应大数据时代智慧统计系统超级自动化发展趋势，充分发挥机器人流程自动化（Robotic Process Automation，RPA）"打通流程、连接业务、执行工作"的天然优势，加快围绕电力生产统计领域构建智慧高效的数字化智能化信息系统，为碳达峰碳中和目标实现和深入打好污染防治攻坚战提供强大数据支撑和决策支持。

2. 践行能源数字化智能化战略的关键抓手

2023 年 3 月，国家能源局印发《关于加快推进能源数字化智能化发展的若干意见》，提出"到 2030 年，能源系统各环节数字化智能化创新应用体系初步构筑、数据要素潜能充分激活，一批制约能源数字化智能化发展的共性关键技术取得突破，能源系统智能感知与智能调控体系加快形成，能源系统运行与管理模式向全面标准化、深度数字化和高度智能化加速转变。"因此，国网浙江电力发展策划部紧扣"能源数字化智能化转型目标任务和工作要求"，顺应

"任务自动化→流程自动化→跨应用自动化→重塑业务运营"，基于 RPA 技术无侵入、轻量化、迭代快、灵活性高等优势，围绕电力生产统计上中下游全链条破除核心流程和长尾流程系统交互"障碍"，探索构建以超级自动化为特色的智慧电力生产统计体系。

3. 助力打造领先的能源互联网企业的需要

作为关系国家能源安全和国民经济命脉的特大型国有重点骨干企业，国家电网公司坚持以习近平新时代中国特色社会主义思想为指导，深入贯彻习近平总书记关于党的建设和能源电力发展的一系列重要讲话和重要指示批示精神，把握根本遵循、牢记"国之大者"，确立全面建设具有中国特色国际领先的能源互联网企业战略目标，谋划了"一体四翼"发展布局、提出了高质量可持续发展"55686"总体要求。作为地方电力企业基本单元，国网浙江电力发展策划部聚焦电力生产统计核心业务，响应国家重大战略部署和数实融合发展趋势，围绕知识、技术、管理、数据等新要素赋能开展理论探索和专题研究，积极利用数字技术持续为生产运营赋能、赋值、赋智，致力于改善生产经营管理效率、践行"更加注重提质增效"工作要求。

4. 服务"数字浙电"战略部署的重要举措

2023 年 7 月，《国网浙江省电力有限公司"数字浙电"总体建设方案（2023 版）》印发，要求围绕电网配置能力、企业治理能力和社会综合能效，充分发挥数字化引擎、引领、赋智、赋能作用，推动电网数字化转型、企业管理转型、能源绿色转型。作为归集全省电力生产统计数据的主要载体，国网浙江电力发展策划部紧抓"电网数字化、管理数字化、服务数字化"核心内涵要求，立足前期研究成果、技术专业和信息系统基础，协同专业团队构建"基于 RPA 超级自动化的'网上电网'智慧统计系统"，重点解决电力统计人工成本高、工作涉及面广、时效性要求高、逻辑规则复杂等难题，化解电力统计业务输出多部门、重复统计多、线下收集广、人工干预深等痛点，为"数字浙电"建设提供坚强的电力统计保障和有力的电力数据支撑。

2.2　电力统计数智化转型——向哪里转

在经济社会发展的各个层面，数据的价值、行为、角色在这个时代进一步提升。数据作为新时代生产要素，不但能反映出现实世界的事物，也可以形成数字世界的孪生体，创造新的价值。在当今，收集、存储、分析海量数据，挖掘数据之间的关系，洞察数据变化规律和趋势特征，已成为最重要的统计研究课题，统计工作数字化转型是推进统计现代化最重要、最核心的基础和前提。

数字经济时代赋予统计工作数字化转型双重内涵。首要的是顺应数字时代的需求，利用新兴的大数据和人工智能技术实现统计数据采集流程、数据分析内容、数据创造方式的现代化，借助内生需求推动的传统统计工作模式转变为数据驱动的工作模式。

统计工作数字化转型将政府、社会和市场的公共价值期望与国网各级公司的使命目标、战略管理、组织形态有机联系起来，实现数字化的技术理性和企业发展的价值理性的统一。关键要以数智化为抓手，积极构建国网现代数据统计调查体系，用数据思维赋能高质量发展和高效能治理运营，通过持续推动数据共享，不断丰富场景应用，切实提升数智化能力，推动国网统计工作现代化。同时要强调的是，数智化转型并不是单纯技术转型，必须摒弃工具化思维理解。

2.3　电力统计数智化转型——怎么转

在解决了为什么转、向哪里转这两个问题后，接下来的一个关键问题就是怎么转的问题。杨国安（2021）[7]在回答关于企业数智化转型怎么转的时候，提出了"数智革新杨五环"的方法论，如图 2-1 所示。

数字科技越来越成为引领未来经济的动力来源，数字化转型、智能化升级成为政府、社会和企业的共识。如何在这一大趋势下把握发展机遇，革新组织架构与发展战略，顺利推进企业的数智化革新，从而达到企业转型升级的目标，是企业亟待思考的主题。

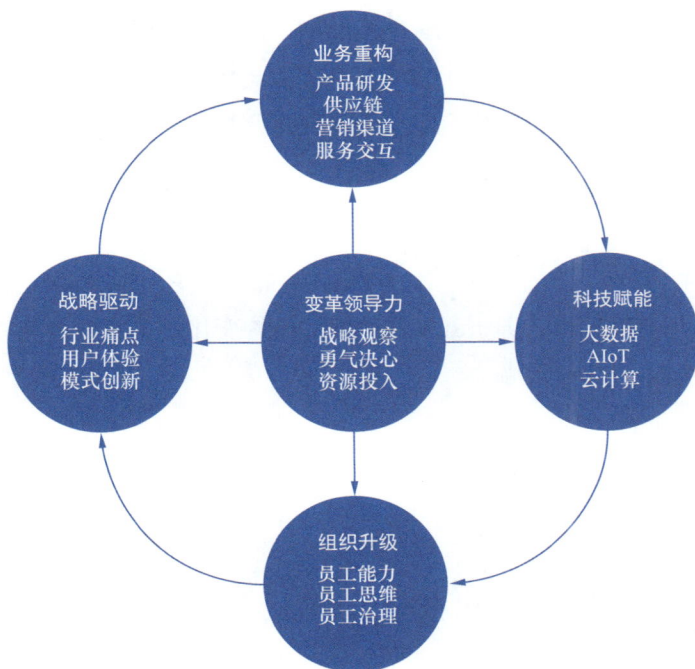

图 2-1　数智革新杨五环

　　面对数智化转型，企业决策层需要认真思考三个问题：第一，企业为什么一定要进行数智化转型？第二，数智化转型从哪里切入？第三，如何确保数智化转型有效落地？杨国安认为可从 5 个方面对上述 3 个问题做出回答，即战略驱动、业务重构、科技赋能、组织升级、变革领导力。这 5 个方面层层递进又首尾相连。从图 2-1 中可以看出，"数智革新杨五环"中最核心的是变革领导力，它是五环的发动机，也是贯穿始终的一个环节。企业数智化转型是一把手工程，它需要企业的决策层具备战略上的洞察力，推动转型的勇气决心以及持续的资源整合与投入。上述内容缺一不可，只有共同铸就企业持续推动数智化的变革领导力，才能支撑其他 4 个环节不断地运转。

2.3.1　企业为什么一定要进行数智化转型

　　在战略驱动方面，面对数字化浪潮，企业需要适配科学的战略并拉齐高层、执行层和基层的共识。杨国安认为战略层面的思考需要回到原点，从国家视角、行业视角及企业视角 3 个角度展开思考。这样可以帮助决策者厘清企业数智化转型的初心，从而坚定企业数智化转型的战略方向和定力。

1. 国家视角

了解和体悟国家经济发展蓝图、法规要求、社会需求等关键因素。

2. 行业视角

从产业生态的层次，分析其发展趋势和结构变化，以及发展趋势和结构变化如何影响对用户需求的响应。

3. 企业视角

从价值链的角度分析企业的运营效率、服务质量、用户体验、渠道触达等转型而产生的需求。

2.3.2 数智化转型从哪里切入

1. 如何选择切入点

在业务重构方面，梳理、调整战略之后，随之而来的问题是战略如何落地，其核心是找到合适的切入点。如何选择切入点，杨国安建议应综合考虑以下 3 个方面。

（1）行业特点。不同的行业，其切入点应该不同。比如零售业一般在营销端和渠道端，制造业的选择一般在供应链。

（2）商业模式。商业模式是影响转型切入点的另一个要素。比如 B 端和 C 端的决策逻辑、消费能力、用户数量及偏好差异极大。

（3）切入的难易程度。数智化转型耗时耗钱费力，在选择具体的业务部门时，为降低阻力，尽量选择阻力最小、最易突破的业务部门去落地。

2. 采用哪些数智化技术赋能所选择的切入点

在明确战略、找准切入点后，需要考虑的是采用哪些数智化技术赋能所选择的切入点，也因此带出以下 3 个问题。

（1）这些技术是外包还是自研？要点是从公司实际出发，考虑外包还是自研。从节奏上看，前期可以外包，到达一定规模后再自研。在这个过程中要明确数智化的路径，找到能推动数智化的、业务和科技兼通的领军人物。

（2）如何持续推动标准化？流程和数据的标准化是企业数智化转型的基础和前提，因此企业在推动数智化转型时需做好流程的标准化和数据的标准化。

（3）如何持续迭代？数智化不是从 0 到 1，而是一个持续深化、持续迭代的过程，关键是围绕企业的核心优势，做好"＋数智化"。

2.3.3　如何确保数智化转型有效落地

在总结众多企业数智化转型的得失时，我们发现，决定数智化转型成败的，往往不是技术能力，而是组织和团队是否具备相应的能力来支撑企业的转型，也就是说企业的数智化转型是与组织能力提升相伴相生的。杨国安认为提升组织能力可从员工能力、员工思维以及员工治理这 3 个方面着手。

1.　员工能力

员工能力聚焦会不会的问题，也就是员工是否具备转型所需的知识、技能和素质。为此有志于转型的企业需要回答如下问题：

（1）为推动数智化转型，企业需要什么样的人才？他们必须具备什么能力和特质？

（2）企业当前是否有符合要求的人才储备？主要的差距在哪里？

（3）如何引进、培养、保留适配的人才和淘汰不合格的人才？

2.　员工思维

员工思维聚焦愿不愿意的问题，也就是员工是否具备与组织能力匹配的价值观、行为和投入度。在推动数智化转型的过程中，企业可以通过绩效考核来引领、转变员工思维，使其积极拥抱新工具和新技术，接受数智化转型带来的新的组织利益安排。

为了推动数智化转型，企业需要考虑如下问题：

（1）员工需具备的思维模式、行为准则和价值观是什么？

13

（2）如何建立和落实这些思维模式和价值观？

3. 员工治理

员工治理关注的是条件允不允许的问题，也就是企业是否提供有效的管理支持和资源，容许员工最大程度地推动数智化转型。企业可考虑通过"一小""一大"两个组织架构来提升员工治理能力。所谓"一小"是指采用项目制来搭建团队的数智化能力；"一大"则是指以市场化生态组织作为日常的运营管理模式，该模式提倡的是"大平台＋业务团队"的做法。

企业需要考虑如下问题：

（1）如何设计支持企业数智化转型的组织架构？

（2）如何平衡内部的集权和分权以充分整合资源，推动转型？

（3）如何建立支持数智化转型的信息系统和交流沟通渠道？

（4）为推动数智化，企业的关键业务流程是否标准化和简洁化？

第3章 电力统计数智化转型方法

3.1 电力统计数智化转型基础

3.1.1 电力统计数智化转型背景

"十一五"以来,国家电网公司通过 3 个五年的持续发展,逐渐走完"数据获取从无到有、信息从分散向集中、业务从线下向线上转变"的全过程。其中,"十一五"阶段,主要解决从无到有的问题,实现所有业务由线下到线上,实现了部分数据采集的数字化,比如,通过智能电能表实现了用户用电信息的自动化采集;"十二五"期间,主要实现了由孤岛到集成、从壁垒到协同,推动信息系统逐步进行了集中、集成和融合;"十三五"时期,重点工作是建成了"国网云"、推动应用系统逐步"云端化",力求实现数据充分共享、业务深度融合、系统安全可靠。截至目前,国家电网公司已经在营销系统、生产管理系统、人力资源、财务等多方面启动了业务应用转型,为企业的数智化发展奠定了坚实基础。

1. 初步建立完善的数据治理体系

数据治理是指对数据进行规划、控制和监督的一系列活动,以确保数据的质量、安全性和有效利用。在国家电网公司集团层面的引领下,"十四五"以来,我国电力生产统计业务领域已经初步建立了数据治理体系,能够确保电力生产统计数据的可靠性、完整性和准确性,继而为电力企业下一阶段推动数智化转型提供坚实的数据治理基础支撑。

2. 基本形成数据整合与利用协作机制

数智化转型的目的是更好地利用数据,为企业提供更高效、更精准的决策支持。按照国家电网"三融三化"战略部署,我国电力企业不断加强对电力生产统计数据的整合与利用,力争将分散在各个部门、各个系统中的数据进行有效的整合,加快打破信息"孤岛"困境、尽快实现数据资源共享共用,进而促进数据要素赋能、实现数据价值化。

3. 加快促成数据创新应用的氛围环境

数据不仅是一种资源,更是一种创新的力量。我国电力企业以数字工具为抓手、数据要素为引擎,聚焦能源电力数字化、运营服务数字化、能源数字产业化,正加快利用数字技术进行数据挖掘、优化业务流程、提高服务水平、提升生产效率、降低运营成本等方面的问题。其中,国网客服中心"政企智能交互合作"、国网浙江电力公司"电费管家"上线运营。

4. 建成相对完善的数据安全保障机制

在数智化转型中,数据的安全保障是企业必须重视的问题。随着海量数据日益扩大和增长,电力企业信息安全面临着越来越大的挑战。2022年,国家电网公司完成了《新型电力系统网络安全防护体系设计(征求意见稿)》,加强对数据的加密、备份和监控等措施,实施数据安全专项提升行动,确保数据的安全性和可靠性,保障新型电力系统数字技术支撑体系安全。

5. 已经形成加快数智化转型的发展共识

数智化转型是企业发展的必然趋势,亟须企业加强对数智化转型的认知、形成广泛的共识,并进一步明确转型目标、廓清关键路径、制定科学方案。"十四五"期间,国家电网公司正大力推进"智慧国网"建设,明确通过"三融三化"和"三条主线"进行数智化转型升级。

3.1.2 电力统计数智化转型面临的主要问题

电力数智化转型是应对能源变革和社会发展的必然选择。一方面,随着可再生能源的快速发展,电力系统需要实现源网荷储协同,提高新能源的消纳能力和电网的灵活性;另一方面,随着用户需求的多样化和个性化,电力系统需要实现多能互补,提供差异化和多元化的用能服务。这些都需要借助数字技术和智能技术,实现对电力系统的精细化管理和优化调度。截至目前,我国已经在发电、输配电、用能等领域的电力数智化转型方面取得了一定的进展，但由于电力系统涉及多个环节和多种设备，电力系统整体数智化转型仍然面临着如战略决心相对不足、数据要素价值显示度不高、员工数字素养提升压力较大、数智化转型发展生态不健全等问题和挑战。

1. 数智化发展战略决心需增强

作为一项跨度面广、持续期长、投入偏大的系统建设项目，电力企业数智化仍然存在"战略定位不高、战略定力不强、战略意识不浓"现象。

（1）数智化转型既是一个创新性的工作，也是一个长期并持续的试错过程，使得企业仍缺乏成熟的方法论用来指导数智化转型，影响了持续推进数智化转型发展的"定力"。

（2）数智化转型需要投入大量资金并持续一段时间，缺乏企业战略层面的高度进行系统谋划，致使高层管理者之间难以达成一致、形成"共识"。

（3）处于数字经济和实体经济融合发展的早期阶段，大多数数智化转型的"价值效益"短期内难以得到"指数级"的兑现，直接影响了企业自身投入的主动性和积极性。

2. 数据要素价值尚未充分彰显

数据是数智化转型的核心驱动要素，能够打破传统要素的有限供给对增长的制约，不断催化和转化传统生产要素。囿于传统自动化设备采集传输成本高和电力业务数据安全性敏感度强，我国电力生产统计数据仍然存在业务壁垒较高、数据开发能力不足、交叉应用程度不深等问题，导致电力生产统计业务数据要素的价值化程度尚未充分彰显。

一方面，电力企业内部业务部门不少业务系统尚未打通，导致生产统计业务数据仍然存在"壁垒"，难以充分发挥其应有的数据价值；另一方面，与电力生产统计相关数据采集率不高、共享度偏低，使得电力生产统计业务数据难以进一步衍生，制约了其价值化水平的进一步提升。

3. 全员数字素养提升压力较大

随着数字经济和实体经济深度融合发展，数字工具应用赋能和数据要素价值挖掘必然对电力企业全员思维模式和数字素养提出更高要求，难免对数字人才短缺、数字能力不足、组织架构失衡等形成潜在挑战，尤其是围绕数字人力资源储备和人才梯队建设，至少存在以下 3 个方面的问题。

（1）技能型人才供给不足，尤其是掌握先进数字技术工具运用和前沿人工智能算法的人才相对短缺。

（2）专业化技能有待提升，不少重要岗位员工仍然缺乏对数字技术应用和数据价值挖掘的敏感性。

（3）高层次人才不足，缺乏具备业务能力和数字化专业能力的复合型人才，尤其是那些具备战略眼光、数字思维、设计能力和创新精神的领军人才。

4. 数智化转型发展生态不健全

作为一项涉及体制、机制、技术、业务等多个方面的系统工作，电力统计数智化转型需要统筹硬件、软件等"硬"供应与知识、人才的"软"供给，搭建适宜数字工具应用、数据要素赋能和数字人才培养的生态环境。但由于数字技术领域颠覆性创新仍不够强、核心工业软硬件仍受到制约、高端化信息服务商发展较晚，我国仍然未能形成良性运转的数智化转型技术、产品和服务生态，表现在以下几个方面。

（1）供应链、产业链抗风险能力低，自主可控水平有待提升，导致产业链抗风险能力较差。

（2）生态化服务体系尚不健全，缺少提供系统的数智化转型解决方案等服务的机构。

（3）产业链、供应链协同度偏低不足，缺乏能够数智化转型的主导生态系统以及承担关键使能技术提供方的能力。

3.1.3 电力统计数智化转型能力评估

电力企业具备业务范围广、分布地域辽阔、管理幅度较大和决策流程长等特点，其数智化转型的首要目标是建设集团各级全覆盖、业务内外全贯通的数字型现代企业，提升全链条、全业务的智慧集成，这就要求电力统计业务数智化要着眼智慧集成、全局智能、生态合作等视角，围绕信息化基础、组织能力水平、数据治理框架、业务流程体系等方面进行综合能力评估。一是要是以智慧集成为目标导向，建设一体化、平台化、网络化的数字化底座，明确"数据流、信息流、业务流高效流转"的客观要求；二是要基于数字化底座推进全业务、全链条的数字化，围绕"全局发展智能化实践"形成有效的软硬件支撑；三是要明确信息共享与业务交融导向，强化与电力价值链各主体建立生态合作关系，实现电力的产销协同、服务延伸与智能决策。

在系统基础评估过程中，电力数智化转型能力主要从信息环境、组织职能、数据治理、专业能力、标准化能力、供应商管理、项目实施能力七大方向开展。在此基础上，每个能力方向又可分为多个具体能力项目，且能力水平可以参照低、中、高 3 个级别进行评估。为更加清晰地展现数字化转型能力基础，本节借鉴既有研究项目成果及其评分方法和指标设计，模拟对电力生产统计业务的数智化转型基础能力初步进行综合评估，并以此作为推动电力统计数智化转型工作开展和系统开发建设的决策依据和重要参考。

电力统计数智化转型基础能力综合评估体系示例见表 3-1。

表 3-1　　电力统计数智化转型基础能力综合评估体系示例

序号	能力方向	能力项目	能力水平（低）	能力水平（中）	能力水平（高）
1	信息化环境	ERP	没有实施	ERP 分散，不统一	统一实施的 ERP 体系
		WMS	没有实施	ERP 内实现部分管理功能	实施较完善的库存管理系统
		BPM	手工审批	实施邮箱（OA）管理	建立内部流程驱动工作机制
		BI	手工数据核算	信息化系统进行报表展现	构建专门的 BI 分析系统
2	组织管理职能	集团职能	较弱领导职能	建立集团数据治理体系	建立集团层面数字治理、IT 系统建设统筹协调体系
		数据治理职能	与 IT 部门职能一起	单设数字治理管理部门	建立宏观层面集中数字治理体系和技术指导委员会
		数据采购范围	自主行使权力	初步建立集中管理体系	已经建立规范的分工授权体制机制和管理体系

续表

序号	能力方向	能力项目	能力水平（低）	能力水平（中）	能力水平（高）
2	组织管理职能	内部职能规划	未充分设计、规划	部分数据管理责权利清晰	构建内部数据治理规划能力
		内部审批	领导归口管理	初步建立内部分级审批	智能化、自动化设计规则，减少审批层级、防范内控风险
3	生产统计业务	数据采集	仍有不少人工操作	存在部分环节人工干预	基本实现全程自动化操作及系统集成数据采集
		数据审核	仍然存在人工审核	部分环节需人工审核	基本实现全自动化智能化审核，且能够自主学习优化判别规则
		数据汇总	仍需要手动汇总	仍需要人工干预汇总结果	基本实现智能化汇总，且能够自主设计判别汇总结果触发规则
		数据报送	只能进行常规报送	能够开展部分定制化报送	能根据需求和数据导入，实现定制化、动态化、实时化报送
4	专业能力规划	专家资源	缺乏规划	主要依靠内部专业力量	健全社会资源和内部资源相结合的专家机制
		评标规范	自由、随意	初步建立评标原则标准	建立科学评标规则、实现量化统一，确保有效执行
5	标准化能力	数据标准化	描述不可识别	建立规范化描述规则	初步建立标准化体系，有效对现有系统作业进行标准界定
		归档规范	关键文档较少	未能形成闭环制度体系	明确作业流程归档要求，确保作业能够有效落地
		工作模板	缺乏规范	形成标准资料	能够主动作业效率自动化要求实现动态更新
		合同规范	缺乏规范	建立部分合同规范	建立各种协议管理体系，确保协议严格履行
6	供应商管理	准入标准	准入标准较为粗放	有明确的标准流程	有明确的能力要求，并确保落实
		能力指标	考核以主观为主	构建主要考核指标	建立非常完善的分类供应商考核指标并实现数据计算、汇报、汇总等流程以及相关职能规则，可科学、及时提报指标数据
		绩效考核	按年度执行考核	初步建立现场评审、技术考核、绩效考核机制	对供应商进行分类绩效管理，按周、月、季、半年、年进行滚动绩效管控，以现场抽查、辅导、培训等增强供应商能力

续表

序号	能力方向	能力项目	能力水平（低）	能力水平（中）	能力水平（高）
7	数智化项目实施能力	规划能力	缺少专职人员	有专门归口人员	借助高管、专家、骨干等力量，持续推动电力统计数智化规划
		决策能力	缺乏决策配合	初步形成跨部门合作决策	形成科学评议分析机制，可动态优化拆分决策关系
		需求管理能力	缺乏需求梳理能力	可做基本流程规划梳理	能够全方位、多角度提出需求，提供专业化的需求分析报告
		对接厂商能力	缺乏主流厂商配合	可协调、可管理	可组织跨公司的信息化团队进行方案规划
		项目管控能力	缺乏管理方法	可执行计划管控	可识别风险、可调动跨部门资源实行全面计划管理、执行管理
		资源整合能力	未开发利用	主要依赖信息化服务厂商	可能够主动开发、利用社会资源，并将其导入系统能力体系
		供应商协作	部分供应商难配合	可要求供应商进行协作	可进行供应商关系管理，可与供应商共同分析和改善协作能力
		内部项目实施	内部项目阻力重重	依靠领导求知个体能力	构建内部绩效考核，内控闸口实现常态化使用
		需求设计能力	未考虑规划	部分流程或功能自动化	能够进行数据资源进行规划，构建业务模型驱动数智化能力

3.2　电力统计数智化转型的推进思路

3.2.1　电力统计数智化转型的总体思路

"十四五"以来，国家电网公司加快贯彻落实"全面推进具有中国特色国际领先的能源互联网企业建设"战略部署，完成新型电力系统数字技术支撑体系框架设计，全面推动电网向能源互联网升级。作为刻画我国社会运行和经济发展的重要资源，电力生产统计数据既是国家宏观调控和科学决策的重要依据，也是各级政府实行行政管理的重要基础，还是人民群众参与经济社会活动的重要参考。电力统计数智化亟须依托"大云物移智"新一代信息技术，持续推进数据共享、流程优化、智能分析、价值挖掘等功能模块开发，加快构建管理规范、数据真实、统计智能、业务高效、保障有力的现代统计工作体系。

1. 以战略重构为内生动能

企业运营终极目标是实现其发展战略，而业务转型与管理变革必须服从并服务于战略定位和发展目标。电力统计数智化转型作为电力企业运营管理机制变革，在服从服务于电力企业更好地实现战略定位和发展目标的同时，也反作用于电力企业战略定位、支撑发展目标实现。因而，作为地方电网公司的数智化转型，必须紧扣"建设具有中国特色国际领先的能源互联网企业"国网集团战略定位，围绕"能源互联网"战略发展目标推动数字工具驱动和数据要素赋能电力统计业务、继而实现电力统计数智化。

2. 以模式重塑为依据支撑

作为战略定位和发展目标的重要内容和核心承载，商业模式既是人力资本、战略资源、核心竞争力等关键要素市场层面的形式表达，也是社会价值、经济效益和企业可持续发展的实现路径。因此，围绕电力生产统计业务数智化转型，必须紧紧依托"人民电业为人民"的根本定位，遵循电力市场定价机制和业务调控基本逻辑，推动现代信息技术全面融合电力生产统计中的数据采集、数据审核、数据汇总、数据报送等全流程全链条，实现市场化商业模式支撑下的电力统计数智化转型发展。

3. 以组织优化为基础保障

组织架构是支撑发展目标与商业模式的"生产关系"框架，其实质是保障企业步入正常运营状态的管理体制和运作机制。电力统计数智化转型须建立在企业宏观层面管理体制和运作机制不断优化升级的基础上，并以组织架构和制度体系保障数字工具驱动和数据要素赋能有效作用于电力生产统计业务全链条流程，促进组织框架优化与电力统计业务有机融合，继而从制度层面推动先进生产关系与现代信息技术深度融合，实现以借助先进的生产关系驱动现代信息技术应用及其新型生产力释放。

4. 以流程再造为范式创新

数智化转型是利用数智化技术重塑企业运营模式，以提升企业运营效率，其实现形式是以数智化技术改造企业运营流程，将数智化技术融入企业运营过程，从而实现企业运营机制的转变与资源配置效率的提升。因而，电力统计数智化转型在激活数字工具驱动和数据要素赋能强化传统业务逻辑的同时，还必须高度重视数字工具驱动和数据要素赋能及其双重作用机制下对传统业务逻辑的改进和优化，及时发挥数智化转型引领业务逻辑转型升级乃至重构电力生产统计业务新型流程范式。

5. 以信息技术为核心承载

随着新型基础设施日趋完善，现代信息技术正全面进入人工智能物联网（Artificial Intelligence & Internet of Things，AIoT）时代。AIoT 作为融合了物联网（Internet of Things，IoT）、AI、云计算、大数据的"万物智联"技术，已成为支撑企业数智化转型的技术载体，为电力企业数智化转型发展加速推进营造良好的技术基础和舆论氛围。因此，电力统计数智化转型必须跳出传统信息化"窠臼"，积极深度融合 5G、大数据、云计算、物联网、区块链、人工智能等现代信息技术，加快赶上"信息化→数字化→数智化"迭代路径，推动电力统计迈入更高层面的数字化智能化发展阶段。

3.2.2　电力统计数智化转型主要步骤

1. 制定战略目标

随着大数据时代的全面到来和数字经济加快发展，越来越多的企业加快"信息化→数字化→数智化"演进趋势，将数智化转型发展上升企业战略层面给予高度重视。作为电力经营管理重要决策和运行管理实时监测的重要依据和重要数据源，电力企业围绕电力生产统计业务制定数智化发展战略目标至少具有 3 方面基本内涵：一是顺应数字经济发展大势所趋和社会数智化发展规律，推动电力信息化借助新一代信息技术加速向数字化、智能化迭代升级；二是主动对接国家电网"建设具有中国特色国际领先的能源互联网企业"战略定位，围绕电力生产、供应及使用的全过程做好电力生产统计工作；三是结合自身业务特征和重点应用场景，促进数字技术与电力生产统计工作深度融合对接，完善统计信息资源基础、促进统计信息安全共享、提高统计工作现代化水平。

对照战略目标的基本内涵和目标要求，电力统计数智化战略目标制定需要立足企业自身发展基础、业务演进、技术迭代、市场变化等基础，着眼企业中长期发展目标需求统筹制定"全网可数、全域可析、全局智能、全行智慧"战略目标，重点围绕数字工具驱动与数据要素赋能及其"双重"叠加的转型路线支撑电力生产统计业务数智化转型。其中，全网可数是实现所有联网环节作业的关键过程和考核结果都能数字化并上网存储，理想情况下全部实现自动化采集、传输、校验和存储等；全域可析是利用自有存储数据能够围绕重点场景和关键环节实现自动判别和实时解析，理想情况下直接将潜在风险识别和防范控制在当前环节并确保风险不下移；全局智能综合自有数据资源和业务运营情况，参与重点场景智能生产、重大决策参考和关键业务监测等；全行智慧是立足自有数字资源的基础上，对接并融入外部数据资源和数字资产，为涉及重大投资决策、运营策略调整、宏观风险监测等提供高水平辅助决策参考。针对以上发展逻辑和关键路径，电力统计数字化战略需要立足自身发展实际和业务转型重点，在与相关部门充分协商、深入讨论的前提下，分阶段分步骤分层次确定总体目标和年度指标并对其进行必要的量化分解。比如，2023 年，重点目标为平台数字化升级，实现"网上电网发供用"数据采集、校验、上传自动化智能化；2024 年，重点目标为建设智能机器人集群，实现电力统计业务主要环节 RPA 渗透度 100%；2025 年，重点目标为建成 RPA 智慧机器人体系，实现推动数字员工向数字助理和数字专家等层次快速迭代升级。

2. 盘点重点难点

在明确战略发展目标和年度任务指标的基础上，电力企业需要着眼自身宏观战略层面和核心业务协同发展全局，围绕制度、流程、技术、人才、场景及投入等多个层面对电力统计信息化现状和数智化基础进行综合盘点。以打通信息孤岛、实现"全网可数"为例，电力企业需要针对当前信息系统分布、端到端流程、信息化集成程度、已实现核心功能、缺失功能模块等进行全面盘点。在对内部进行综合盘点的基础上，电力企业可以着眼数字工具驱动和数据要素赋能两大视角对电力生产统计全业务流程进行深入分析，统筹自身发展需要、行业标杆企业和其他行业企业 3 个方面识别核心业务数智化转型的重点、难点。基于数字工具驱动和数据要素赋能的电力统计业务重点难点盘点如图 3-1 所示。

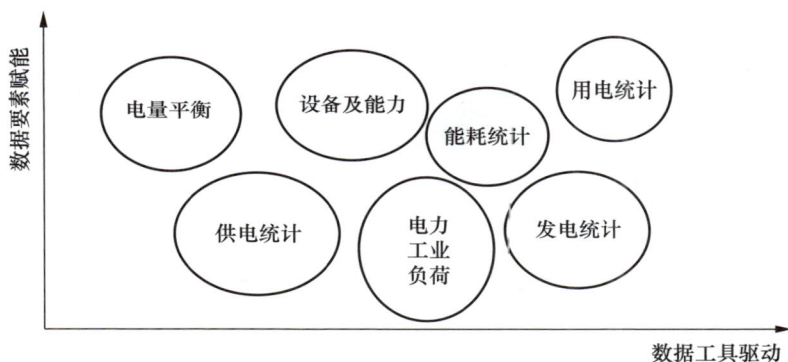

图 3-1　基于数字工具驱动和数据要素赋能的电力统计业务重点难点盘点

3. 洞察外部趋势

随着《关于加快推进能源数字化智能化发展的若干意见》加快实施，我国电力行业顺应能源产业与数字技术融合发展趋势，加快形成能源系统智能感知与智能调控体系，推动能源系统运行与管理模式向全面标准化、深度数字化和高度智能化加速转变，强化数字技术与能源产业融合发展对能源行业提质增效与碳排放总量和强度"双控"的支撑作用。在此背景下，电力统计数智化必须锚定"能源产业与数字技术融合发展"发展趋势，着眼"能源系统智能感知与智能调控体系"加快形成及能源系统运行与管理模式加速转变背景，深刻把握"能源行业网络与信息安全保障能力""能源系统效率、可靠性、包容性""能源生产和供应多元化拓展和效益改善"等方面，立足当下基础、洞察未来趋势、适当超前部署，为顺应、融入和把握我国能源数字化智能化发展趋势留有余地、预排接口、留足空间。只有深刻洞察外部趋势、适当超前投资布局、留足未来发展空间，电力企业才能够最大限度地避免"系统刚上线就过时"等问题，减少所谓的二期工程、技改工程、优化工程等补救性投入。

我国电力行业数智化转型发展基本趋势概览如图 3-2 所示。

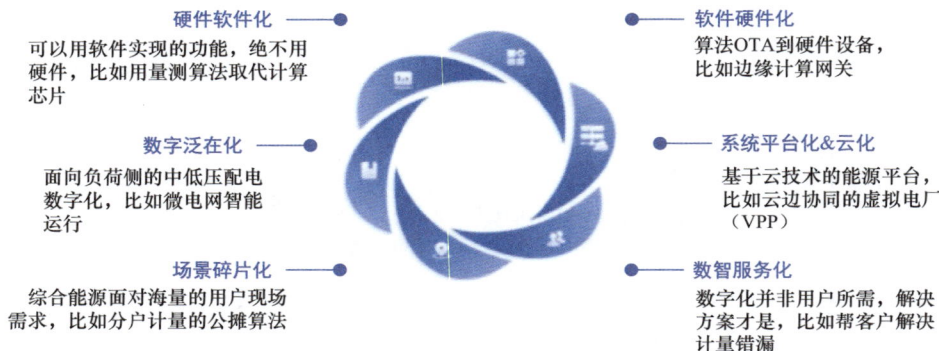

硬件软件化
可以用软件实现的功能，绝不用硬件，比如用量测算法取代计算芯片

数字泛在化
面向负荷侧的中低压配电数字化，比如微电网智能运行

场景碎片化
综合能源面对海量的用户现场需求，比如分户计量的公摊算法

软件硬件化
算法OTA到硬件设备，比如边缘计算网关

系统平台化&云化
基于云技术的能源平台，比如云边协同的虚拟电厂（VPP）

数智服务化
数字化并非用户所需，解决方案才是，比如帮客户解决计量错漏

图 3-2　我国电力行业数智化转型发展基本趋势概览

4. 跟踪前沿技术

随着"大云物移智"等现代信息技术与能源技术深度融合、广泛应用，电力行业转型数字化、智能化特征日益凸显。这表明，无论是适应新能源大规模高比例并网和消纳要求，还是支撑分布式能源、储能、电动汽车等交互式、移动式设施广泛接入，都需要以数字技术为电网赋能，促进源网荷储协调互动，推动电网向更加智慧、更加泛在、更加友好的能源互联网升级。因此，电力统计数智化发展必须高度重视现代信息技术应用，推动 5G、物联网、大数据、云计算、区块链、人工智能等深度融入生产统计及统计检查、分析与监督等重点环节，最大限度地释放数字工具驱动能力、激活数据要素赋能潜力、放大"数字工具＋数据要素"双重叠加倍增效应，构建"电力统计信息化→数字工具＋数据要素→电力统计数智化"的闭环生态体系和业务运行流程。电力统计业务与现代信息技术融合发展基本框架如图 3-3 所示。

（1）5G 主要负责海量数据实时安全传输，提供大带宽、低时延、大连接的传输应用场景支撑。

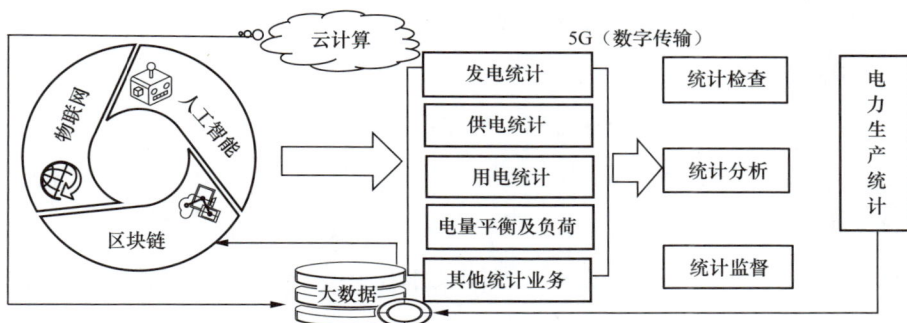

图 3-3 电力统计业务与现代信息技术融合发展基本框架

（2）物联网主要负责前端数据采集，为数据生成的自动化、实时化、智能化、全面化等提供保障。

（3）大数据主要用于支撑海量数据存储、高效处理和可靠分析，为数据要素赋能提供技术基础。

（4）区块链主要通过技术手段保障区块链系统的安全性，确保数据流转环节的高可靠、高安全、高稳健。

（5）云计算主要借助基于互联网的分布式框架结构，提供高并发、高可用性、高性能计算的综合"云"化服务。

（6）人工智能主要借助算法设计和自主学习对数据进行深度挖掘，实现自动化与效率提升、增强数据分析与预测能力、开发智能助理和虚拟个人助手等综合服务。

5. 提炼核心业务

电力统计数智化既是电力企业整体层面数字化智能化发展的核心承载，也是电力统计业务信息化迭代升级的必然趋势。在推动传统业务信息化迭代升级过程中，电力统计数智化必须找准关键流程、找准核心业务，构建"以核心业务牵引辅助业务、以辅助业务支撑核心业务"的相辅相成、有机融合协作机制，才可能推动电力统计业务与现代信息技术深度融合、提升电力统计业务数字化智能化水平。

27

（1）数据采集数智化。作为统计分析源头，电力数据采集数智化是电力统计数智化的基础环节。考虑到数据来源多样和数据生成方式差异，电力数据采集数智化关键是利用 RPA 对接生产系统、OCR 技术导入等，减少人工操作、提升自动化水平，实现"数据→数据"的端到端流转、减少手工操作失误风险。

（2）数据审核数智化。作为把控数据质量的重要端口，电力数据审核数智化是电力统计数智化的核心流程。在推动数据采集流转后续环节中，电力数据采集数智化关键是借助人工智能技术和 RPA 大数据技术模块，自动化智能化对系统固化关系❶、一次性静态关系、多元化动态关系等进行立体化校验，减少人工过程审核环节、提升程序化深化比重，确保数据采集准确率达到100%、数据下一步流转"零"失误率。

（3）数据汇总数智化。作为统计数据加工的重要内容，电力数据汇总数智化是电力统计数智化的重要环节。在推动统计数据流转后续环节中，电力数据汇总数智化关键是围绕分类和汇总两大过程，借助数字技术提升逐级汇总效率、优化集中汇总质量、灵活调整统计汇总模块❷，确保规定时间内完成高质量的电力统计数据汇总。

（4）数据报送数智化。作为统计数据的最终归宿，电力数据报送数智化是电力统计数智化的重要增值环节。一方面，及时、准确、高质量的统计数据报送有助于提升企业（集团）决策质量；另一方面，与社会经济发展强相关的电力数据报送能够深化数据价值挖掘，扩大"电力看经济"等应用场景社会影响力。因此，电力数据报送数智化关键是强化大数据技术和人工智能前沿技术应用，与其他关联数据融合、共同挖掘数据价值，更好地保障企业（集团）日常管理、运营优化和重大决策，服务国家和地方社会发展和经济建设。

6. 规划业务系统

数智化转型解决方案是指通过引入数字化技术和创新工具，将传统业务流

---

❶ 指标间关系检查、累计值检查、合计值检查、表间关系检查、同比检查、环比检查等。

❷ 通过对关口数据、基层指标、设备明细、电厂明细等数据的加工处理，来反映市公司、省公司、国网公司等不同层级各单位的发展建设情况。

程和系统转变为更高效、智能和可持续的形式。在实施数智化转型解决方案时，与现有业务流程和系统的集成是至关重要的，以确保顺利过渡和无缝运作。故而，作为核心业务和管理层面的重构与创新，电力统计数智化核心是借助数据智能工具和开放信息平台，畅通"采集→审核→汇总→报送"全链条环节，实现数字工具驱动和数据价值赋能的双重效应。在此过程中，数字工具和数据资源能否围绕电力统计业务实现高度融合，是推动电力统计业务数智化成功转型的关键内容和基础保障。因此，除了决策层面最高领导高度重视、操作层面的业务条线和职能部门积极推动外，电力生产统计业务数智化推进过程中的业务系统规划至关重要，重点是围绕功能性应用和业务型应用两个方面做好统一数据治理、统一数智底座、统一系统设计等，做好组织架构、核心资产、生态系统、落地规划等前期基础保障工作。

（1）组织架构。电力企业成立统计数智化转型领导小组对系统设计和落地实施进行统筹管理，其中包括但不限于电力统计业务组织结构调整、工作机制（环节）优化、数字人才缺口识别、数字人才梯队建设。

（2）核心流程。围绕电力数据"采集→审核→汇总→报送"全链条环节，重点分析不同环节数智化关键技术、现有技术和转型障碍，并据此制定自动化、算法优化、流程调整、系统架构等方面调整方案设计。

（3）生态系统。电力企业在推进统计业务数智化过程中，亟须结合不同环节或不同场景供应商供给情况，围绕统计业务数字化智能化转型搭建开放式合作平台，挖掘潜在合作机会、识别数智化合作伙伴，构建集人才、技术、市场于一体的数智化应用开发生态系统，为推动电力统计业务数字化提供技术支撑和组织保障。

（4）落地规划。电力企业针对统计业务数智化方案实施，明确定义各个关键举措和系统开发落地计划、阶段目标和责任主体。在此过程中，定期组织召开项目工作沟通会，及时识别潜在风险、判定风险敞口、做出应对预案，对照总体目标和阶段任务形成"功能目标→系统设计→功能开发→测试验证"的闭环流转机制。

7. 上线开发实施

成功的系统开发离不开高效的项目实施小组。随着系统开发前期准备工作陆续完成，电力统计数智化系统开发步入上线开发实施流程。与前期反复酝酿、推敲、讨论、磋商不同，电力统计数智化系统开发阶段更强调项目实施组织、项目管理、进度管控和执行力到位。一般来说，系统开发进入实施阶段，至少需要做到以下 3 个方面。

（1）成立项目开发领导小组，负责统筹项目推进工作、现场组织项目实施、把控项目推进进度、系统资源调度整合、对照时间节点做好验收、验证和测试，以及做好项目经理和核心成员遴选和配备工作。

（2）配备一批合格的项目经理，主要按照职能定位和任务分工，落实开发领导小组确定方向、目标、进度及质量等要求推进项目开发工作，重点做好项目管理、把控开发质量、管控项目进度、跟进功能测试等核心环节。

（3）编制项目实施方案，重点做好项目启动会、项目章程梳理、需求调研、方案设计与评审、系统功能与接口开发、全方位测试、人员培训、项目初始化、试运营、宣传造势等重点工作，及时明确功能定位、预排进度、测试要求、责任主体等关键要素，确保项目推进与进度预排保持同步、确保项目整体开发进程有序推进。比如，某电力企业数智化项目开发实施流程如图 3-4 所示，该企业在系统上线时组织了 12 次项目周例会、5 场专项需求调研会、8 场方案专项讨论与评审会、约 15 次的接口梳理及讨论会、5 次运营培训（面向运营用户）、3 轮数据收集与整理研讨会，并实施了超过 15 天的系统全方位测试。

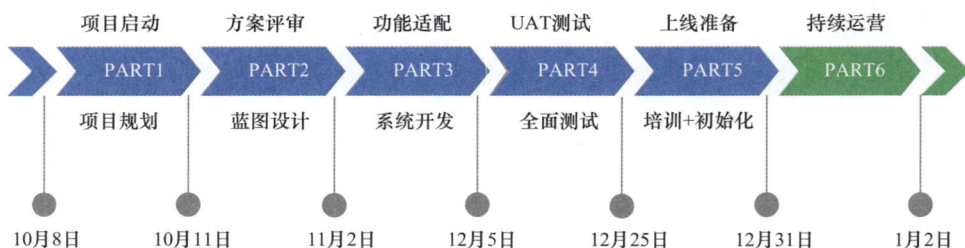

项目启动	方案评审	功能适配	UAT测试	上线准备	持续运营
PART1	PART2	PART3	PART4	PART5	PART6
项目规划	蓝图设计	系统开发	全面测试	培训+初始化	
10月8日	10月11日	11月2日	12月5日	12月25日	12月31日 ／ 1月2日

图 3-4 电力企业数智化项目开发实施流程（示例）

8. 系统运营维护

随着开发完成、部署上线和投产运行，电力统计数智化系统进入运营管理和维护保障阶段。在技术迭代加速和场景动态变化的背景下，健全的系统运维组织是保障电力企业数智化转型成功的关键。因此，电力统计数智化系统即使步入运营维护阶段，依然需要组建多元化、常态化、复合型的专业团队予以支撑，亟需推动业务部门、职能部门和管理部门与电力行业专家、数据分析专家、人工智能专家、IT技术专家等共同组成系统运营维护专业团队，定期或不定期对系统运营进行综合评价、跟踪分析、迭代升级等予以指导。

与其他 IT 技术系统类似，电力统计数智化系统运维架构同样包括业务运营、平台运维、规则管理等，示例如图 3-5 所示。

图 3-5　电力企业数智化系统运维基本架构（示例）

（1）业务运营。主体为涉及电力生产统计业务全链条部门及其相关人员，以及根据业务开展需要动态指派（分配）的相关部门及其人员，主要包括但不限于电力发供用数据的采集、审核、汇总、报送及其他衍生相关工作，确保高质量整合全网数据资源、夯实电力企业数智化转型基础。

（2）平台运维。主要由平台管理部门及人员负责平台运行管理工作，确保系统按照规划设计目标、核心功能和主要性能等指标进行日常运行，满足生产统计业务对电力企业对发电、供电、营销、人事、财务等职能部门的数据支撑作用，做好平台用户权限管理、保障数据操作流转全链条操作安全，跟踪最新技术动态、及时对平台系统进行迭代升级。

（3）业务支持。由涉及电力统计数智化系统的相关专家组成，围绕电力生产统计数据全链条流程系统运营提供相关辅助支持和配套服务，主要包括但不限于元数据规范编制、主数据规划设计、接口标准规范开发、系统业务规则设计等。

3.2.3 电力统计数智化循环性关键要点

1. 工作组织架构

谁来主导电力统计数智化转型，常常是电力企业数智化转型过程中遇到的首要问题。按照一般意义上理解，电力统计数智化＝电力统计＋数智化。所以，电力生产统计业务转型升级是核心目标，数智化只是技术手段且主要为业务逻辑落地提供技术支撑。

基于以上逻辑推理，正确的答案应该是由负责电力生产统计业务的部门（发展策划部）主导，而IT技术部门主要角色是参与系统设计、提供技术支持和推动系统落地实现。一方面，电力统计业务部门侧重解决业务问题，更多从自身业务逻辑、应用场景和现实需求出发；另一方面，IT技术部门负责评估技术可行性，侧重从技术实现、平台支撑和系统维护等方面考量。

因此，电力统计数智化工作小组应该由电力生产统计业务部门和IT技术部门共同组成。其中，电力生产统计业务部门作为主导部门，重点把握统计业务逻辑、系统整体需求和重点场景应用等；IT技术部门作为技术支持部门和开发组织部门，应主动理解业务逻辑、整体需求和重点场景，跟进技术前沿、典型案例和优秀供应商，为电力统计数智化系统实施提供解决方案。

2. 业务需求梳理

高质量的需求说明书，是电力统计数智化成功落地的关键。与其他IT系统落地类似，一份成功的电力统计数智化需求说明书至少包括建设背景及需求、电力统计业务分析、电力统计管理系统探讨、电力统计系统调研对比、电力统计数智化建设可行性分析及电力统计数智化实施方案及规划等。但在实际需求说明书编写过程中，电力企业至少需要注意以下5个方面的工作内容。

（1）与外部专业机构（供应商）共同组成"电力统计数智化需求分析小组"，负责电力统计业务梳理、数智化需求分析推进、编制数智化需求说明书。

（2）主动对接（上级）集团数字化发展战略部署和系统架构，立足自身业务逻辑和 IT 系统基础，开展数智化系统顶层设计、确定电力统计数智化预期目标。

（3）主动与电力生产统计全链条业务部门对接，深入挖掘电力统计数智化系统潜在的业务重点、痛点和难点，围绕电力统计核心业务形成典型化的场景需求。

（4）主动与 IT 技术部门充分对接，善于借助数智化的先进技术改造优化传统业务流程，形成业务逻辑牵引与 IT 技术支撑相辅相成、融合发展的系统开发模式。

（5）遵循"分层实施、分步推进"的基本原则，优先在信息化基础好、逻辑流程清晰的条线先行试点，在获取一定成果和效益后再进行有序推广。

3. 信息系统对接

电力生产统计业务涉及采集、审核、汇总和报送及与其他相关部门交互等多个环节，难免直接或间接地与其他业务流程形成业务对接和功能衔接。与之相适应，电力统计数智化系统不可避免地与其他业务条线信息系统对接，利用数字技术实现智能化识别、处理和反馈等。

在电力企业中，信息化系统一般包括企业邮箱（内网邮箱）、OA（Office Automation，办公自动化）、ERP（Enterprise Resource Planning，企业资源计划）、MRP（Material Requirement Planning，物资需求计划）等。因此，电力统计数智化系统规划设计必须考虑与企业现有 IT 信息系统对接，善于借助信息系统整合将生产统计业务与其他业务"无缝"嵌入，全面提升电力生产统计业务效率、效果和效益。

随着 RPA（Robotic Process Automation，机器人流程自动化）技术应用日趋广泛，不少电力企业已经借助 RPA 业务流程自动化模块链接更多 IT 信息系统，解决遗留异构系统的不兼容与接口缺乏等问题，利用 API 接口直接访问或交换数据、减少人工干预的操作失误风险，全面提升信息系统数字化水平和数智化能力。通过 RPA 等中间件技术接口对接，电力统计数智化不但能够减少不同系统之间的兼容障碍，还能够利用 API 接口访问提升自动化智能化水平。

4. 项目实施控制

项目实施控制是决定数智化系统开发成败的关键。结合电力统计特征和数智化复杂性，电力统计数智化系统开发的项目实施控制至少着重关注以下 8 个方面。

（1）统筹项目实施范围。对照系统规划设计目标，严格控制系统开发实施范围，确保项目推进在许可边界内执行。

（2）明确功能效果边界。立足自身业务逻辑和 IT 系统基础，控制功能或性能效果开发边界，减少不涉及核心业务的"过度开发"。

（3）把控项目实施进度。对照项目开发进度及时间节点要求，严格落实项目实施过程中计划执行规范，重点里程碑上严格把关。

（4）降低内部推进阻力。对项目实施过程中涉及的费用列支和资源占用，要提前做好预排、邀请相关部门前置参与共同推进。

（5）严谨验证测试流程。协同生产统计业务部门、IT 技术部门及相关链接部门，共同以实际生产操作和数据资源为基础编制验证 / 测试方案，推动系统上线前做好演练、测试和验证。

（6）集中培训分级指导。结合系统开发和业务上线进度，分批次分阶段组织关键用户业务培训工作，推动核心用户提前介入系统使用、及时反馈或推广系统使用成效。

（7）定期归口迭代升级。以季度为单位，统一收集并归口系统运营问题，协同开发团队集中检查、编制系统优化说明书，之后再交由开发团队组织实施，实现"按一季度一批次的频率对项目进行迭代完善"的基本要求。

（8）统一运营持续规划。面向数智化系统设立专项规划职能，围绕电力生产统计业务持续开展运营问题、运营效果、缺失场景等重点事项跟踪，不断推进业务创新、流程创新、管理创新，持续优化电力统计数智化系统。

3.3　电力统计数智化转型的总体框架

3.3.1　电力统计数智化系统核心逻辑

1. 电力统计数智化系统核心内涵

面临数字经济加快发展和新型电力系统加快建设，我国电力企业加快推进数智化转型，推进电力统计业务数智化、搭建数智化电力统计系统，支撑电力更好地服务社会经济发展。因此，数字经济时代的电力统计数智化系统至少具有以下 4 个方面的核心内涵。

（1）泛在连接。在互联网和数字技术的推动下，电力统计业务之间连接越来越紧密，驱动传统电力统计业务不断进化和创造新的价值模式，服务电力企业生产经营和重大决策。一方面，电力统计业务自身需要解决自身业务流程和工作效率的数字化问题，旨在提升业务处理效率、改善业务工作效能；另一方面，电力统计业务亟需充分发挥电力数据自身的知识价值，对内双向畅通"采集→审核→汇总→报送"的渠道，对外双向互动链接产业链上下游的业务合作伙伴。

（2）数字画像。作为数字经济时代最为重要的资产，电力统计业务数据涵盖维度更多、范围更广、规模更大，不断以海量数字、文字、图片、设备识别图像等为载体，利用新的技术、算法模型进行归类、分析、总结和应用，成为数字经济时代最重要的资产。借助海量的电力统计业务数据和第三方业务关联数据，能够针对电力企业客户进行综合画像，更加清晰地描述客户、掌握动态、实时跟踪，实现服务质量提升、产品迭代更快和风险防范能力不断提升。

（3）全域智能。数字化进程需要通过数据的沉淀，不断强化自身的数据引擎驱动能力，面向未知商业领域提升业务适应能力。电力统计数据分析能力建设不再只是通过组织和人员培训完成，而是需要基于数据驱动的智能运营场景去逐渐沉淀企业的数字化能力，在线获取各类行为轨迹数据、交易数据、设备连接数据。在此基础上，围绕电力统计业务开发一系列数字员工、数字助理、数字专家等，快速识别并输出数据的价值，反哺业务能力的快速创新和灵活应对。

（4）安全保障。安全生产无小事。电力统计业务数智化系统能够综合运用物联网、大数据、云计算等智能技术，以电力数据为基础开发建设了融合视频监控、智能识别、数据统计等功能于一体的监控平台，实现安全质量日常管控、主动式安全管理、安全质量数据分析和安全技术动态跟踪等系列功能，建立安全风险预测预警指标体系和理论模型，通过综合分析现场"人机环管"等数据，围绕电力业务日常运营及时消除安全隐患、全力支撑维护电网运行安全稳定。

2. 电力统计数智化转型内生驱动

在政府鼓励产业数字化生态链发展的大背景下，电力企业越来越多地开展统计业务数智化转型，不断提升自身数字化智能化发展水平。一方面，数字技术被我国社会各界广泛接受，迫使各行业在服务市场和消费者时必须具备数智化能力；另一方面，电力企业数智化转型的根本动力还是来自整个社会环境的变化，促使企业自身不断以数智化水平提升适应越来越复杂的市场环境和能源互联网社会转型压力。

（1）核心业务创新驱动。在数字经济环境下，电力技术和数字技术的技术创新、业务创新、产品创新、场景创新带来的弯道超车、行业颠覆，这预示着不论是数字原生企业，还是数字化转型企业，都必须具备创新能力。而这个创新能力是全方位、体系化、平台化的，包含组织创新、产品创新、业务创新、服务创新、模式创新、技术创新、场景创新等，亟须借助数字化智能化手段对传统业务进行改造升级，才能不断提升包括电力统计在内的核心业务竞争力。

（2）中台技术架构驱动。中台通过将企业（组织）核心竞争力抽象和固化，使其脱离某个固定的流程或场景，能够灵活调用充分地支持业务服务轻量化、协同化、社会化发展和按需供给。同时，能力与具体业务解耦后可以减少重复建设，并不受业务场景限制，可更有效地进行迭代优化，促进企业（组织）内外部资源按需配置。这不仅为传统电力业务信息化改造升级提供技术方向，也为数字经济背景下电力统计业务数字化智能化升级提供技术架构支撑。

（3）产业互联模式驱动。产业互联是促进企业内的人、物、服务，以及企业间、企业与用户间互联互通、线上线下融合、资源与要素协同的一种全新产业发展范式，正逐步重构传统产业的业务协作关系和产业价值模型。随着技术发展、消费互联的逐渐饱和，更多企业会利用其独立的行业优势和壁垒，驱动以电力统计为代表的核心业务不断提升数智化水平，加快对接外部数据渠道、空间和维度，更好地适应大数据时代的产业互联发展趋势。

（4）产业生态运营驱动。未来的商业竞争是基于多向的非线性价值网络的，在层层相关的价值网络中，促使客户位于价值链中心并形成开放与共享的生态环境，促使企业向共生、共赢、共创的生态战略方向进化。因此，重构企业生态体系的最终目的是在如今经济新常态的市场竞争中占据优势，实现企业的自我进化，客观上要求面对复杂市场环境和潜在转型压力的电力企业加快统计业务数字化智能化转型，不断挖掘电力数据要素价值、驱动电力能源业生态化发展。

3.3.2　电力统计数智化系统基本原则 ❶

顺应新型电力系统的新特征、新变化及其对电力能源体系的深刻影响，电力统计数智化系统构建亟须延续持续构建中台架构，动态优化"采集、审核、汇总、报送"全流程体系，统筹数字工具驱动和数据要素赋能两个层面应"设备透明化、数据透明化、应用透明化"❷，全面提升电力生产统计业务服务

---

❶ 部分内容引自魏晓菁的《解读〈新型电力系统数字技术支撑体系白皮书〉背景、目标及意义》（2022），http://www.chinasmartgrid.com.cn/ news/20220725/643586.shtml。

❷ 实现设备透明化，主要是通过统一物联接入来支撑各类型终端的即插即用，促进感知设备的共建共享；实现数据透明化，主要是指打造企业级实时量测中心，在线按需汇聚全环节的采集数据，来满足前端的各项应用需求并以企业级实时量测中心为核心进行数据共享和共用；实现应用透明化，主要是指打造企业级的应用服务，基于企业中台来沉淀共性的能力，来支撑各类业务灵活构建和应用贯通。

"能源互联网"体系的数字化智能化水平。故而,值此加快构建新型电力系统的背景下,我国电力统计数智化系统设计、开发和建设亟需遵循以下5方面基本原则。

(1)统筹基础设施。顺应企业宏观层面全局共享的原则,推动电力统计系统统筹计算算力、通信网络和安全防护的基础设施,来提升基础设施的利用率、降低建设运维成本,提升电力数据快速审核能力、智能化处理效率、动态化定制化报送质量,满足新型电力系统建设背景下全环节海量数据实时汇聚和高效处理的需要。

(2)统筹感知管理。按照"最小化采集+数字系统计算推演"的技术路线,来充分地应用已有感知设备,统筹优化新增感知设备的部署策略,全面提升设备本体和采集装置的数字化、智能化水平,从源头上保障电力数据采集质量、效率、精度。同时,通过物联管理平台,形成企业级的统一物联接入能力,对管理信息大区和互联网大区感知设备进行统一的接入、管理和应用,实现各类感知设备的全局统筹和共建共享。

(3)统筹数据汇聚。在统一汇聚控制系统和信息系统全环节数据基础上,打造企业级实时量测中心。一方面,基于数据中台构建历史量测中心,提升电力生产统计业务数字化智能化水平,保障电网资源资产信息同源;另一方面,通过数字系统的实时计算推演和分析拟合,来实现实体电网在数字空间的动态呈现。

(4)统筹支撑平台。重点围绕电力生产统计过程中的数据采集、数据审核、数据汇总、数据报送等全流程全环节,全面贯彻落实"架构中台化"理念,加快构建企业级全局共享的平台,统一业务、数据和技术服务,实现能力跨专业复用、数据的全局共享,并基于业务中台、数据中台和技术中台来支撑业务应用快速灵活构建。

(5)统筹应用构建。按照统一规划、统一设计、统一建设、统一运维的"四统一"原则,围绕电力生产统计过程中的数据采集、数据审核、数据汇总、数据报送等全流程全环节,来统筹新型电力系统生产统计业务数字化智能化系统构建,加快打造企业级全局的应用系统,避免功能的交叉重复和数据的多头采集及形成新的孤岛和烟囱。

3.3.3　电力统计数智化系统总体架构

1. 总体架构逻辑：数字中台

（1）传统信息化存在的主要问题。在传统信息化建设模式下，不少电力企业基于统计业务特定场景，引入或建设了一系列解决特定业务领域问题的多套垂直的 IT 系统或套件（模块），并因系统或套件之间的数据不互通、不共享、不流动，形成了一个个 IT 系统"烟囱"和数据"孤岛"，至少会导致以下4 个方面的问题。

1）功能重复建设，数据重复且不一致，而烟囱型系统之间的集成开发和协作成本偏高。

2）数据和业务被"无序"分散在多个系统中，不利于业务沉淀和持续发展、不断提升核心业务功能。

3）数据和业务的原有功能难以被有效拆分，导致无法被新业务共享使用，难以快速应对互联网时代前端业务的变化。

4）基于老旧技术体系构建单体系统，难以很好地支撑大数据时代的互联网大量用户高并发、高复用、高频率、高通量等系统交互需求。

（2）数字中台的主要优势及框架。为适应大数据时代的 IT 系统敏捷性响应和高速度应答，数字中台基于云计算大数据、人工智能等新一代技术打造的数据共享服务平台，遂成为电力统计数智化系统的基础支撑和关键保障。在此过程中，数字中台通过对业务、数据和技术分别进行拆分并以服务化的形式输出共享能力，积极应对数字化应用的标准化建设及快速定制，实现企业沉淀数据资产的高效整合和快速调用，构建系统间技术、业务、数据等无缝对接和快速切换的精细化运营体系，继而形成服务企业战略管理和业务运营层面的平台化中枢系统，打破企业各业务部门、各子公司单独建设部门级系统的壁垒，提升集团多元化业务、多部门主体之间的战略协同性和一致性。以上技术理念和指导思想的电力统计业务数字中台基本架构如图 3-6 所示。

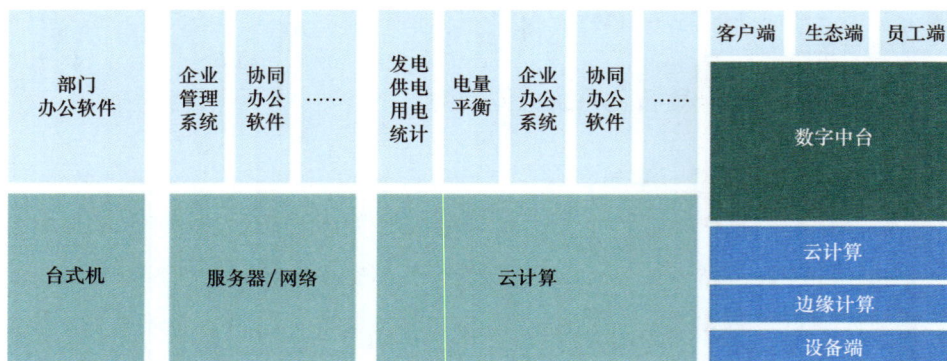

图 3-6　电力统计业务数字中台基本架构（示例）

可以看到，数字中台以云计算技术为核心引擎，推动数据库、缓存服务器、搜索引擎、对象存储、大数据计算引擎等基础设施服务化，实现"IT 基础设施→多元信息服务"的虚拟化服务方向转型。基于新一代 IT 基础设施服务化平台型基座，数字中台围绕电力统计业务核心功能定位，推动统计业务数字化、智能化、平台化和生态化，为集团（公司）层面加快数字化转型发提供基础支撑和战略保障。

2. 总体架构设计策略

（1）数字中台总体架构基本逻辑。从企业整体战略发展和经营管理层面来看，数字中台本质上属于信息化发展和数智化转型的一部分，即围绕前端软件业务运行环境提供技术支撑和业务保障能力。一方面，业务中台提供业务能力，数据中台提供了分析数据的能力，业务中台聚焦于业务本身的运行规律，通过信息技术手段实现业务运行的核心机制，因此业务中台源于业务，服务于业务；另一方面，数据中台从数据上分析业务运行规律，反馈业务运行效果，因此数据中台也源于业务，服务于业务。因此，数字中台的建设不是孤立的信息化建设，而是以业务为核心的全方位支撑。在实践操作层面，电力统计数字中台建设只有从"数据采集→数据审核→数据汇总→数据报送"的核心业务流程出发，立足电力企业自身数字化发展基础，统筹搭建技术中台、业务中台和数据中台，才可能导出具有稳健性、扩展性、高效率、高效能的 IT 基础设施系统。

（2）数字中台架构设计基本流程。总体来看，电力统计数字中台建设必须围绕"数据采集→数据审核→数据汇总→数据报送"的核心流程，遵循"自顶向下逐层调研业务，再自底向上对业务逐层抽象归纳"的基本理念，统筹"技术、业务、数据"及新一代信息技术等构建数智化统计业务全景图，形成电力统计业务数智化转型发展的"业务全景图→应用全景图→应用功能清单→原子业务对象簇群"路线图和施工图。在此基础上，电力统计数字中台架构设计主要分为 3 个步骤，其基本框架逻辑如图 3-7 所示。

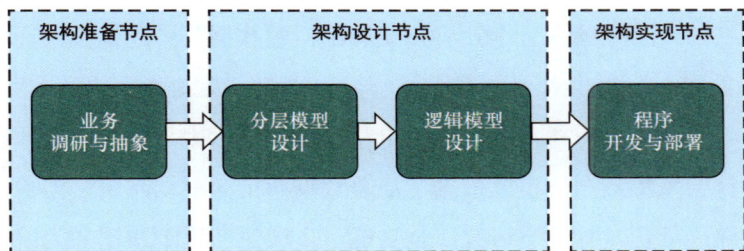

图 3-7　电力统计业务数字中台总体架构设计基本框架逻辑

从图 3-7 可以看到，首先是将业务抽象阶段找出的业务对象按照主题和相互之间的密切关系，针对若干具体业务对象聚合为一个主题域；其次是着眼企业战略层面和行业发展规律，遵循技术实现视角设计电力统计业务技术架构，形成与业务中台或数据中台相匹配的分层模型；最后遵循分层模型技术规范和场景需求，涉及各个统计业务领域内部的组建模型或逻辑模型，继而完成技术平台支撑下的业务中台和数据中台总体架构。

（3）数字中台类型：业务中台与数据中台。

1）业务中台。在电力统计业务数智化系统中，业务中台是以统计业务领域划分边界，形成高内聚、低耦合全流程业务领域的能力中心，打造持续演进的电力统计业务能力共享服务平台。一方面，电力统计业务中台适配"数据采集→数据审核→数据汇总→数据报送"全流程，围绕电力生产统计上、下游流转环节提供共享服务、智能算法和自动化机制等；另一方面，电力统计业务中台立足生产层应用开发设计服务能力基础，高效协同、动态参与配置、编排和扩展业务对象、业务能力、业务规则和业务流程，更加高效地完成企业资源运营管理平台构建和提供高并发、高可用的执行环境。

2）数据中台。在电力统计业务数智化系统中，数据中台主要是指电力企业围绕电力生产统计作业过程中的"数据采集→数据审核→数据汇总→数据报送"全流程，所构建的一个数据管理和服务平台，用于整合、存储、处理和共享企业内外部的各类数据资源。一方面，从系统形态和组件形式上，电力统计数据中台是通过集成不同数据源、提供数据标准化和一致性，以及提供数据服务和应用接口，将散落在各个业务系统和部门的数据集中起来，继而形成一个统一的数据中心、提供对外数据服务；另一方面，从功能定位和作业内容上，电力统计数据中台是将覆盖发电、供电、用电及其衍生形成的海量数据变成数据资产，持续采集数据、审核数据、汇总数据和报送数据，聚合汇聚整合、提纯加工、建模处理、算法学习等综合功能，形成生产决策知识并为统计业务和电力业务提供综合服务。

（4）数字中台支撑：技术平台。在数智化转型过程中，电力统计业务需要解决的是业务复杂度的问题。无论是业务中台还是数据中台的建设，都必须依赖对应的技术体系以及相关的技术工具进行支撑。良好的技术架构支撑能够带来的最直接效果是提效、降本，但不同业务方向的最终交付物所需要的技术体系不尽相同。因此，技术平台可以看作整个企业中台建设的底层基座，而稳定先进的基座非常有助于上层业务数据应用的快速搭建。一方面，数字中台建设采用的技术是对业务及数据整合治理的理解和实现，可以作为传递价值的桥梁；另一方面，技术平台提供的是广而全且先进的工具和流程，便于所有团队和成员都能应用技术平台。

作为基于云原生架构体系打造的、服务业务数字中台建设的全景化平台基座，技术平台提供研发服务、大前端、网关、多云适配、混合云管理及开放平台等多个领域的技术能力和工具集，支撑业务中台、数据中台及其上层业务系统和应用开发、运行等的整套工具及环境。因此,技术平台既是用于生产业务中台、数据中台和应用系统的工具集,范围覆盖开发流程管理、测试管理、流水线(DevOps)、大前端开发等,又能够为业务中台、数据中台及其应用系统提供了良好的运行环境及监控管理等。

3. 电力统计中台总体架构

在电力行业数智化系统中,电力统计业务中台架构既可以快速打破纵强横弱、信息孤岛的局面,也可以统筹电力生产统计全流程、全链条提升数据管理质量和服务能力,还可以畅通对接其他业务条线和作业部门系统、释放数据要素价值。有鉴于此,电力统计数智化转型在遵循国网公司数智化转型方案的指导思想和技术规范前提下,立足信息化基础和核心业务发展需要,对接融入"云大物移智"等新一代信息技术,以技术平台为一体、业务中台和数据中台为两翼,构建"小前台、大中台、强后台"总体架构模式,形成以"一体两翼"为特色的电力统计业务数智化系统平台体系,其设计基本框架如图 3-8 所示。

图 3-8 电力统计业务数字中台总体架构设计基本框架(示例)

技术平台提供技术基础设施支撑，业务中台构建共享服务中心，数据中台为项目中台提供数据分析服务。

（1）电力统计技术平台。作为数智化转型的基础，电力统计技术平台是数据中台和业务中台的技术承载和系统保障，并为电力统计数智化系统提供计算、网络、安全、数据库、中间件以及新技术支撑组件等基础技术服务。在此过程中，电力统计技术平台提供以应用为核心的视角，围绕"数据采集→数据审核→数据汇总→数据报送"应用来拓展功能，不断丰富自建共享以及标准第三方等类型应用，为企业研发人员提供多样化选择，帮助团队快速构建目标应用，以及快捷可视化操作，方便研发、测试及运维人员对应进行全方位的状态跟踪，实时提供主机、Docker 和 Kubernetes 的多种应用部署运行方式，保障企业在数智化转型中的平滑过渡拥有更多的选择。

（2）电力统计数据中台。电力统计数据中台主要是利用大数据技术、通过全局规划来治理好企业的数据资产，让数据使用者能随时随地获取到可靠的数据。结合数据产生机制和业务规律，电力生产统计数据中台可由贴源层、共享层和分析层构成。

1）贴源层。主要为数据接入层，采用实时采集、数据复制、日志采集等方法将各类数据同步至贴源层，主要涉及"数据采集→数据审核→数据汇总"流程。其中，包括推动 RPA+ 人工智能，实现数据采集、审校和汇总等流程的自动化、智能化、网络化，全面提高正确率、提升实时性、保障安全性。

2）共享层。主要根据应用场景需要所有数据按类划分，形成支撑业务中台的基础表，包括项目域、人员域、电量平衡、用户画像和厂商画像等作用目标，实现应用服务层面数据供给的服务化、高效化、智能化，最大程度地动态适应外部场景变化、终端需求调整和技术迭代升级。

3）分析层。主要结合电力终端场景需求，满足更高级别的业务分析和服务对接需要，为"电力数据看经济"提供更加丰富的应用场景支撑。一方面，对电力数据自身进行深度挖掘，形成契合电力数据产品特征的"拳头"产品；另一方面，推动电力数据与其他数据融合，共同开展数据挖掘、放大电力数据聚合事项，促进电力统计数据要素价值化、资产化。

（3）电力统计业务中台。电力统计业务中台面向"数据采集→数据审核→数据汇总"全流程，基于数字化技术进行建设，推动计算、存储、网络及微服务等综合应用，形成一系列支撑电力生产统计业务的中台服务体系。

1）统计发布。面向统计数据自动化、智能化、网络化定制服务需求，对接内网、Pad、手机等多元化平台，准确、及时、动态发布电力生产统计数据信息，力求出数及时、数尽其用、用之不竭。

2）数理分析。面向电网生产经营、电力经济关系和电力—工业景气指数等专题，统筹对接数理分析算法、深度挖掘工具及新一代信息技术，构建灵活多样、功能强大的数据分析平台，充分发挥统计支撑决策作用。

3）辅助决策。统筹对接电力生产统计数据和第三方合规数据源，归纳数据变化规律和变动规则、研究辅助决策算法，建立涵盖决策预警、决策参考、决策模型、决策建议等综合功能的决策辅助信息平台体系。

4）线损监控。统筹电量对比、线损分析、数据换算及负荷情况和电量变化规律等，构建了一套全过程、全层级、全专业的大数据管理线损监控体系，智能化识别、动态化监控高损线路、电量异常、嫌疑用户等。

5）统计模型。利用关口、单位属性、指标以及单位之间业务联系等基础信息，主动与物联网、区块链、人工智能等新一代信息技术融合，统筹管理、运营和维护关口模型、电量模型、设备模型、单位关系模型等体系。

第 4 章　电力统计数智化转型浙江实践

4.1　基于 RPA 的电力统计数智化系统

4.1.1　RPA 及其核心技术简介

RPA（Robotic Process Automation，机器人流程自动化），是一种根据预先设定的业务处理规则和操作行为，模拟并增强用户与计算机系统的交互过程，自动完成一系列特定的工作流程和预期任务，有效实现人、业务和信息系统一体化集成的智能化软件。

RPA 可以模拟人类的操作，同时记录用户在计算机上的操作行为，包括使用鼠标键盘命令、触发调用系统的各类应用程序等，如录入数据、收发邮件等系列行为。还可以按照约定的规则在计算机上自动实现数据的采集与录入、文件的上传与下载、图像识别与文本处理、数据的加工与分析、管理和监控流程以及信息的输出与反馈，为客户提供一个低错误率、强合规性、高效率的解决途径。

RPA 技术优势在于：RPA 采用非侵入性、不影响原有 IT 基础架构的模式，能在实施过程中避免对现有系统接口或功能进行转换，具有更高的运营效率；每一个操作流程都能生成详细的日志记录以供后期查询审核，增强准确性和可审计性，能监视、跟踪和控制业务流程执行；RPA 易于部署和其流程解决方案可定制化的特点，使之成为可扩展且灵活的增强型数字员工队伍，能够快速响应业务需求。

RPA 最基础的技术就是抓屏、模拟鼠标和键盘。工作流技术起到了 RPA 自动化处理流程的串接和管理的作用。另外，还有很多辅助的自动化技术一起帮助 RPA 来实现流程的自动化处理。

1. 抓屏技术

为了模拟人工在应用程序上的操作，RPA 就必须要与屏幕上各种窗口、按钮、下拉列表等不同要素进行交互，抓屏技术即通过终端或显示器来直接抓取界面中的数据，而无须访问底层数据库或者接口。

根据信息抓取的技术实现方式划分，抓屏技术可以分为依据对象句柄元素抓取、依据网页标签抓取、依据图像抓取、利用 OCR 技术、依据坐标位置抓取等抓取方式。

（1）依据对象句柄元素抓取。句柄是指在操作系统存储器里指向特定结构体的指针，句柄标志着应用中各种形式的对象实例，如视窗、按键、图标、滑动条、输入输出装置、控件和文字等。同时，Windows 也提供了相关的 API 来获取这些窗口句柄，如 Find Window（获取窗口句柄）、Enum Windows 和 Enum Child Windows（获取所有顶层窗口以及它们的子窗口）等函数。

（2）依据网页标签抓取。大多数 Web 网页源代码都是通过 HTML 语言编写的，页面中的数据通过各种 HTML 标签所标识，抓取 Web 网页中的数据，最重要的就是在页面中准确地定位该数据的位置。通常采用的方式是通过关键值或特征值来查询 Web 页面中的某个元素，如 ID、Name、Tag、Link、DOM、XPath、CssSelector 等。这些特征值必须唯一，并保持不变。XPath 是一种元素定位语言，能够把网页上元素的位置转化为 XPath 的表示方式；CSS（Cascading Style Sheets）是一种用来描述 HTML 和 XML 文档表现的专用语言。CSS Selector 可以为网页中的元素绑定属性，这些值通常是稳定且唯一的。

（3）依据图像抓取。利用图像抓取的主要原理就是利用图像对比技术，预先保存好需要查询的某对象的图像，当机器人在桌面窗口在询这个对象时，根据预存的该对象的图像对整个窗口的图像做查询和比对。如果匹配成功，机器人就可以获取该图像的坐标位置，进行下一步操作。通常，为了提高图像查询的稳定性，RPA 软件中可预先设置对象图像的比对范围、对比模式、重试次数、精度要求等参数。图像抓取方式的缺点是：①查询速度比较慢，远低于直接按照属性查询对象的方式的速度；②如果页面中出现两个图像一致的控件对象，或者想获取的对象被隐藏或没有显示在图像中，那么就无法做出准确的抓取了。

（4）利用 OCR 技术抓取。OCR 即光学字符识别（Optical Character Recognition，OCR），利用 OCR 技术可以扫描识别整个屏幕图像，获取所有的文字信息，然后在其中查询关键字，确定坐标位置后再做其他处理动作。OCR 技术还可以用来识别某个页面对象中的文字信息，如利用标准的抓取方式获得了某个对象，却无法获得对象中所显示的文字内容时，OCR 便可以通过该对象所对应的图像信息来识别其中的文字。OCR 识别方式的缺点是：①只能对图像已经展示出来的文字进行识别，而对表格中未显示完整的信息就无法识别；②受制于界面展示语言的问题，会出现 OCR 识别率偏低，而无法进行后续处理的情况。

（5）依据坐标位置抓取。RPA 软件通常也会提供依据界面坐标位置来获取界面要素的功能，但由于每次应用界面开启位置的不确定性和界面的低分辨率等问题，目前 RPA 技术实现中已经很少采用这种方式。但如果出现了前面所谈到的各种技术都无法实现，且客户端程序的界面位置不能随意调整，大小也不能缩放的情况时，也可以尝试这种方式。在使用坐标位置定位某个对象时，可以通过以下两种技巧提高识别的稳定性：①采用相对坐标的计算方法，先通过其他技术找到另一个对象的绝对位置，然后计算这个对象与目标对象之间的偏移量，最终计算出目标对象的绝对坐标位置；②通过预先调整程序窗口位置的方式，窗口的位置固定后对象位置也就固定了。

2. 鼠标和键盘模拟技术

RPA 一项重要的技术就是模拟人工对鼠标和键盘的一些操作，比如单击、双击、右击、拖拽等鼠标操作，或者键盘输入、组合键等键盘操作。从原理上讲，当用户按下某一个键盘的按键时，键盘中的芯片就会检查到这个动作，并将扫描码返回到原电脑。由键盘驱动将扫描码转换为虚拟码。同一个按键扫描码会有不同，但虚拟码均一致，操作系统可以先将按键数据设置在队列消息中，再传递到当前的活动窗口。RPA 有以下 3 种模拟技术。

（1）应用级模拟。可以模拟键盘消息发给目标应用程序。比如，利用 Windows 中提供的 API 函数，如 SendMessage 和 PostMessage。

（2）系统级模拟。可以模拟全局键盘消息发送给所有程序的窗口，如利用 API 函数 keybd event 或者全局钩子函数 HOOK 来模拟键盘消息。

（3）驱动级模拟。能够直接读取键盘硬件接口，绕过了应用层和操作系统层，直接与物理硬件进行对话。鼠标操作的基本方法是使用全局函数，必须给定横纵坐标才能确定鼠标的所有动作，如 MOUSEEVENTF_ MOVE（移动鼠标）、MOUSEEVENTF LEFTDOWN（按下鼠标左键）和 MOUSEEVENTFLEFTUP（放开鼠标左键）等。

3. Office 自动化处理技术

Excel、Word、Outlook 等常用的 Office 软件都会对外提供可用的 API 函数，用于访问 API 功能。RPA 可以通过这些 API 实现 Office 系列软件一些操作的自动化处理，如 Excel 表中的过滤、排序、透视图制作等。另外一种方式是在 Office 软件的可扩展加载项中增加专门的自动化插件，解决 Office 嵌入式的自动化处理。

4. Windows 原生应用的自动化技术

RPA 可以通过 Windows 的 API 实现对文件夹和文件的自动化处理，如新建文件夹、修改文件名称、复制新文件等；也可以实现对 Windows 窗口操作的自动化，如最小化、最大化等；还可以实现活动目录（Active Directory）的自动化处理，如创建组、修改用户等。

5. 电子邮件自动化技术

RPA 还可以使用对电子邮件的 API，如 SMTP、POP3、IMAP 来进行对邮件的自动收发管理，如接收电子邮件、删除电子邮件等，此外还可以通过对 Outlook 邮件的 API 或者在邮件客户端中，通过标准抓取方法来接收电子邮件。

6. WWF 工作流控制技术

工作流（Work Flow）控制技术是基于流程控制（Business Process Management，BPM）理论和实践产生的技术解决方案，包含工作流设计、工作流运行及工作流监控 3 个部分。RPA 需要操作一个或多个界面，在每个界面又需处理一些数据项，被视为一种微观层面的工作流处理。所以 RPA 须具有工作流技术的相关特征，如流程触发、流程嵌套、分支（IF ELSE）、循环、暂停、取消、延时和错误处理等，同时在流程中须支持常量、变量的定义。RPA 通常提供专门的工作流设计工具来帮助用户以图形化方式定义工作流，支持以掩拽控件的方式快速组装业务流程，以录制的方式自动生成初始的流程记录，并提供历史版本比对的功能。RPA 内置调试器和模拟器，用于流程的测试，并通过日志记录流程的运行过程。顺序工作流是许多有组织的流程步骤集合。通常情况下，步骤是逐步进行的。可能有的步骤必须等到一些事件发生后才可以进行。另一类工作流形式是状态机工作流，状态机工作流建立了一系列状态。工作流程从初始工作状态出发，直到最终阶段为止。一般情形下，状态机工作流对事件进行反应，并根据情况发生变化。工作流控制的另一主要部分是流程控制。流程监控是指能够图形化地对业务流程进行配置，并且对业务流程状态加以监控。配置功能包括流程何时启动、何时触发事件、哪些设备可以执行、流程之间的关联关系等。监控信息包含流程运行情况、各个环节的时间开销、运行的业务量、执行成功或失败的情况等。实时监控的难度相对较大，但员工可以通过跟踪流程判断实际发生的情况。

4.1.2　基于 RPA 的电力统计数智化系统需求分析

1. 业务需求分析

目前公司的电力生产统计，是由基层员工向各类发电厂收集或通过调度、营销、运检等专业系统收集发电量、分行业售电量、分电价售电量、关口电量、电力负荷、供用电等海量电力相关信息数据，并手工进行汇总录入、校核分析，完成各类报表的制作。人工方式存在工作效率低、异常数据无法快速定位校核耗时长且不能确保数据准确、集中报表上报审核排队严重等缺点。由于高强度工作量、高时效性要求，基层统计员将大部分时间投入到价值低的数据收集、录入、计算校核，而不是从事高价值的管理、分析决策工作，基层员工获得感低。电力生产统计业务各个环节流程的数字化支撑不足，加上结构性缺员，都制约了统计业务的数字化转型和电量等电力大数据的价值挖掘。因此，聚焦生产统计业务的以上实际问题，探索将数字化融入基层生产统计，采用自动化智能化先进技术创新替代部分人工工作、优化业务流程并提升智能管理水平，为赋能基层减负增效、提升统计业务工作效能、提升上报数据的准确性和时效性、提升数据的分析广度和关联反馈度、促进企业数字化转型和电力数据价值挖掘，是十分必要的。

基于上述的必要性分析，本项目的业务需求如下。

（1）优化统计数据自动汇聚功能。利用智能新技术替代人工数据采集。使用扫描仪、摄像头等硬件感知设备，通过 OCR 技术对发电厂、大用户等相关方提供的多种媒介的纸质、图片等形式的信息进行自动化采集，自动识别数据，将非结构化数据转化成结构化数据；通过机器人技术自动收集规划计划信息管理平台、SoData 智能应用平台、营销综合查询应用平台等各系统专业数据，以及人工报表数据，并将数据汇聚一体转为规范统一的格式。

（2）优化业务数据智能校核功能。梳理业务数据特征，建立数据校核体系和标准数据模型，预先设置核查规则，实现在统计业务过程中对各类数据进行智能校核，确保数据的准确性、规范性、一致性，并自动列出问题清单，提醒统计人员进行检查、分析、溯源。

（3）优化统计业务流程自动化功能。梳理业务流程环节并进行优化调整，通过设置自启动等方式，启动统计业务流程开展工作，根据预设的流程环节及业务逻辑关系自动进行统计计算、智能校核、编制报表、提报审核。

（4）优化统计数据自动分析功能。深入电力大数据价值挖掘，根据业务关注进行数据分析，建立业务分析指标体系和分析模型，利用监测指标和算法进行趋势、对比分析，最终形成数据分析结果，辅以图表展现，实现分析智能化、分析深入化。

（5）优化统计报表个性定制功能。运用动态模板技术，自动化、定制化输出统计分析图表、文字报告，根据用户需求，建立模式化基本界面，进行个性化需求定制。

（6）优化统计业务智能交互功能。在统计业务流程中，预先设定规则，结合邮件或短信等工具与统计人员进行工作通知、业务催办、结果发布等交互。

2. 功能需求分析

用户在使用该系统平台实现业务流程自动化过程中，借助流程设计模块搭建业务流程、编辑业务操作、调试运行流程，当自动化工作流程构建完成后，通过运行流程文件实现业务工作的自动化，具体包括流程设计模块、流程解析模块、流程执行模块三大部分。流程设计模块主要承担流程的搭建与调试，是与用户直接进行交互的部分；流程解析模块用于流程文件的拆解、流程逻辑的解析，是系统平台的分析引擎；流程执行模块是流程操作的具体执行者，负责直接与操作系统进行交互，模拟人工进行业务操作。电力统计的 RPA 系统平台用户用例如图 4-1 所示。

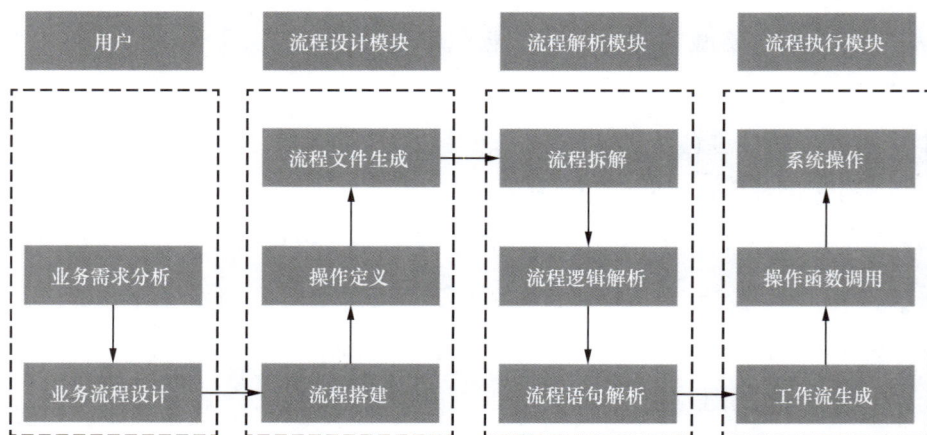

图 4-1 电力统计的 RPA 系统平台用户用例

如图 4-1 所示，用户根据具体业务收集与分析业务需求与业务痛点，规划设计出合适的业务流程，借助流程设计模块创建流程文件，通过拖拽流程块、编写流程操作的方式，搭建业务流程框架与详细定义流程操作；流程解析模块将流程文件拆解为子流程块，并对各子流程块进行逻辑语法与执行语句的解析，解析为具体的流程执行逻辑与操作指令；流程执行模块将流程解析模块所得的执行逻辑与操作指令转化为对操作系统的具体操作，从而实现业务流程的自动化。

3. 流程设计模块功能需求

流程设计模块主要包含元素拾取、流程搭建、流程调试 3 个具体功能。流程设计模块需求描述见表 4-1。

表 4-1 流程设计模块需求描述

功能名称	子功能名称	功能点描述
元素拾取	获得鼠标位置	读取鼠标光标所在绝对位置
	获取窗口句柄	获取鼠标所在位置标识对象或者项目的标识符
	构建元素 Selector	构建目标对象的元素信息 Selector，后续通过 Selector 实现元素对象操作
流程搭建	流程画布	提供流程框架搭建画布，利用流程块通过拖拉拽的方式进行流程搭建
	流程操作编辑	对子流程块进行流程操作编辑，包括键鼠操作、元素操作、网页操作、文件操作等操作流程的编辑搭建
流程调试	流程运行	执行当前 RPA 流程，并返回运行结果与运行日志
	流程调试	逐步调试当前 RPA 流程，并返回当前步骤运行结果与运行日志
	调试终止	手动终止正在运行中的 RPA 流程

（1）元素拾取。用于获取屏幕上各种窗口、按钮、下拉列表等不同对象的元素信息，在流程执行中可直接对拾取后的元素进行操作。

（2）流程搭建。支持基于拖拉拽的可视化流程框架搭建，提供元素获取、键鼠操作、元素操作、Office 操作、网页操作等流程执行器操作方法的调用接口，是进行流程设计的主要单元。

（3）流程调试。对搭建流程提供分步调试功能，便于用户进行错误排查与流程优化。

4. 流程解析模块功能需求

流程解析模块的核心是将人工搭建的业务流程解析为工作流。流程解析模块功能需求描述见表4-2。

表 4-2　　　　　　　　　　流程解析模块功能需求描述

功能名称	功能点描述
流程拆解	将 RPA 文件流程文件拆解为具有整体逻辑功能的可执行子流程块
流程逻辑解析	对子流程块语句间存在的逻辑进行解析，包括顺序逻辑、判断逻辑、循环逻辑
操作语句解析	对流程文件定义的流程操作进行解析，对系统执行的原子操作

（1）流程拆解。解析流程设计模块生成的 RPA 流程文件，逐步拆解流程文件得到可执行操作流。

（2）流程逻辑解析。对各操作语句间存在的条件判断逻辑、循环逻辑进行解析，提升流程运行的连贯性。

5. 流程执行模块功能需求

流程执行模块对电脑系统进行操控是 RPA 系统像人一样自动执行业务流程的关键。流程执行模块执行流程解析模块所得可执行操作流，直接对操作系统进行人工操作模拟。流程执行模块的核心技术包括对鼠标键盘操作模拟、元素操作以及网页、Office 等各种自动化处理技术，通过上述技术可以实现人机交互操作的模拟，如鼠标点击、敲击键盘或者对文本进行操作，以实现业务流程的自动化。流程执行模块功能需求描述见表4-3。

表 4-3　　　　　　　　　　流程执行模块功能需求描述

功能名称	功能点描述
鼠标键盘操作模拟	调用系统 API 实现鼠标键盘操作模拟，包括单双机、悬停、发送快捷键等鼠标键盘操作
元素操作	对界面元素提供完整体系操作指令，包括网页对象选择、目标元素选择、元素读取、循环相似元素等界面元素操作

续表

功能名称	功能点描述
网页操作	为界面元素操作创建相应的网页环境，包括启动浏览器、打开标签页、网页跳转等功能
Office 操作	对办公软件提供自动化操作
数据处理	对原始数据进行加工处理
网络操作	提供基础网络操作命令，模拟常见网络功能
文件操作	提供基础文件操作指令

6. 非功能性需求

非功能性需求指在系统软件开发流程中，除了软件系统具体功能需求之外，关于软件易用性、安全性、可维护性等方面提出的需求，以及在软件系统研发过程中需要遵守的一些限制条件。非功能性需求是在软件符合实用性条件的情况下，对软件系统提出的更高的要求，是为用户提供更优质使用体验的保证，也体现了软件系统研发设计人员的技术水平。在面向电力统计的 RPA 系统平台中，非功能性需求主要包含以下几点。

（1）易用性。该系统平台的使用者包含企业中不具备较强软件开发基础的普通员工，这些员工较为熟悉自己专业领域知识，但程序编写能力弱。即使对该群体进行一定的程序开发培训，他们仍不能使用生涩、复杂的系统平台进行熟练的开发。该系统平台应大幅降低流程编辑开发流程，满足使用者可直接根据业务需求不基于任何变成语言框架进行 RPA 业务流程设计开发。

（2）性能与可靠性。该系统平台的稳定性与后续电网公司电力统计相关业务能否正常运行直接相关，因此该系统平台的性能与可靠性有着非常重大的意义。系统研发必须保持很高的可用性确保业务的正常运行。此外，系统研发还应提供有效的高可靠性措施防范突发的软硬件故障。

1）性能方面。系统的响应时间小于 5s；系统并发用户数在设计要求范围内时，系统网络带宽平均利用率不得超过 60%。

2）可靠性方面。系统能够支持 7×24h 连续运行，同时具有良好的容错能力。

（3）安全性。项目通常涉及调度、营销等系统，数据比较敏感，在保证功能应用的基础上，需要对数据安全进行严格控制，保障相关数据应用安全。依据《网络安全等级保护定级指南》，根据业务信息安全保护等级分析和系统服务安全保护等级分析，对系统受到破坏后的侵害程度进行分析，本项目安全标准参照二级等级保护要求。本项目其他系统无数据交互，数据内容不包含敏感信息。除上述非功能性需求内容外，其他非功能性需求相关内容将严格按照《国家电网公司信息系统非功能性需求规范（试行）》执行，在系统后续设计、建设过程中逐步完善。

（4）兼容性。电网公司系统内部所用的软件平台系统大多都不是基于同一种语言或同一种架构开发的，所用不同的软件平台系统间所用的语言及架构存在巨大差异。该系统平台通过模拟人在使用电脑时的鼠标和键盘操作来完成对现有软件平台系统操控，因此该系统平台需实现面向不同操作系统与软件平台的流程自动化。该系统平台从软件架构和人工智能技术组件两方面来完成跨平台跨系统的业务流程自动化，实现该系统平台的高兼容性。

（5）可维护性。电网企业的业务拓展与进步，软件系统平台也会不停地更新换代。为保证该系统平台的持续稳定运行，自动化作业流程需满足较高的可读性，便于后期运维人员理解初始开发设计的流程程序，提高自动化作业流程的后期维护效率。该系统平台提供可视化流程搭建与可视化流程调试的功能，极大地降低了后期维护与流程改造的门槛。

（6）拓展性。为确保该系统平台在今后的更新和迭代性，该系统平台必须具有较大的可扩展性，在现有系统功能的开发设计过程中应遵循高内聚低耦合的软件开发思想，保证系统平台各模块的高可重用性与移植性。

4.1.3 基于 RPA 的电力统计数智化系统总体设计

经过系统需求分析，明确了所设计开发的面向电力统计业务的 RPA 系统平台的使用者大多业务经验丰富但 IT 基础相对薄弱，对系统使用的便捷性要求高。在进行具体的开发工作之前，需面向电力统计业务的 RPA 系统平台的体系框架做好整体规划，以此指导平台各项功能的具体研究和应用。

1. 系统设计原则

在企业级系统开发过程中，软件系统平台的复杂度与鲁棒性是衡量企业级应用平台的重要指标，大型的企业级系统平台复杂应用并不代表着系统各模块间的不正常耦合。

在企业级系统平台开发中，开发前对系统平台应用的良好设计至关重要，系统平台的良好设计基于对项目及业务应用的正确分解，在适当细粒度的基础上实现小而全的功能模块，并通过调用的方式相互集成，形成一个整体完善的功能实现，并有效地规避系统开发过于复杂与异常产生。本文所述系统平台设计遵循系统层面进行分层设计和层内功能设计进行模块化两个原则。

（1）系统层面进行分层设计。分层设计是对系统平台功能纵向的层级划分，立足于系统平台整体，按照数据与调用路径对系统平台进行整体规划，从而实现系统平台各调用间的层级稳定与快速拓展。

（2）层内功能设计进行模块化。即模块化对系统平台各层级功能的横向划分。模块是程序开发过程中数据定义、语句等程序开发单元的集合，模块只提供单一简洁的功能，用于提升程序块的复用度，实现尽可能少的代码量复用达到同等的开发效果。模组化是把尚未研发的软件分解成若干个模块，各个模块均可单独研发测试，或在最后集中组装，每个模块只完成独立功能，各业务模块之间保留一定独立性，从而使程序的结构更加清晰，易读、易掌握、易于检测和修改。

2. 系统架构设计

电力统计 RPA 所构建系统平台使用分层架构，分为设计层、解析层、执行层、中间件层、硬件及操作系统层 5 层，层间通过适配信息流进行通信，实现相互联系但又不过度耦合。系统总体架构图如图 4-2 所示，其中设计层是整个 RPA 系统平台的前端部分，解析层、执行层、中间件层、硬件及操作系统层均为系统平台的后端部分。

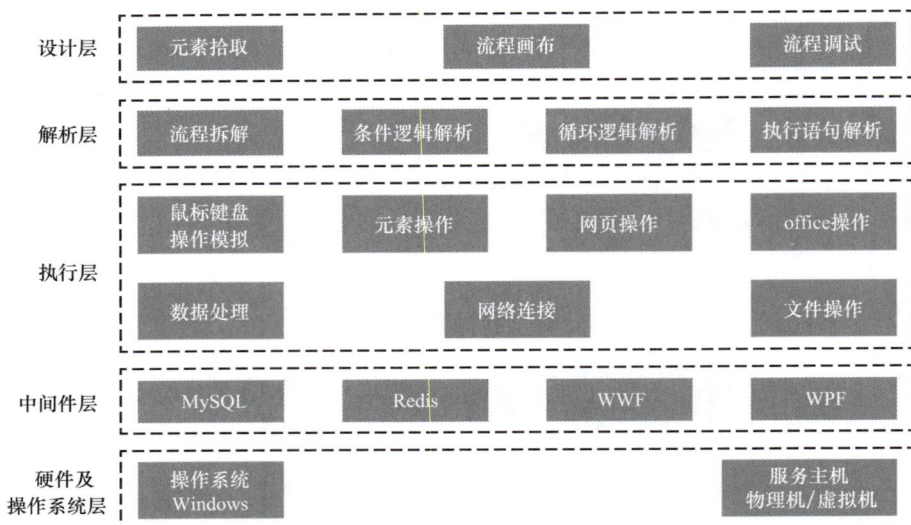

图 4-2 系统总体架构

（1）设计层。为用户提供可视化操作界面，用于流程的编辑、调试与运行，包括元素拾取、流程画布及流程调试三大功能。元素拾取用于抓取定位界面操作元素；流程画布用于搭建业务流程框架并针对抓取到的元素编辑具体操作；流程调试用于调试画布搭建的流程框架及操作方法，将流程文件传入解析层进行下一步的流程拆解。

（2）解析层。用于解析用户通过 RPA 设计搭建的流程文件，将流程文件拆解为流程块，对各操作语句间存在的条件及循环执行逻辑进行解析，并对流程逻辑中的操作语句进行解析，得到可执行的原子操作，并将解析结果传入执行层进行对应具体操作。

（3）执行层。直接执行解析层所得的运行逻辑与操作，操作流程包括鼠标键盘操作模拟、元素操作、网页操作、Office 操作、数据处理、网络连接及文件操作。

（4）中间件层。设计层、解析层、执行层的运行依赖于中间件层，中间件层提供了系统平台运行所需的功能套件包括 MySQL、Redis、WWF 及 WPF。其中，MySQL 用于存储流程文件地址、用户设置等结构化数据，Redis

用于存储自动化流程执行过程中所涉及的缓存数据，WWF 用于实现流程自动化过程中所涉及的工作流操作，WPF 用于实现流程设计过程中所使用的流程画布等可视化设计界面的构建。

（5）硬件及操作系统层。该系统平台所涉及的操作系统、服务器主机等支撑套件。

3. 系统功能架构

基于多元智能的自动统计应用，优化统计数据自动汇聚功能、业务数据智能校核功能、统计业务流程自动化功能、统计数据自动分析功能、统计报表个性定制功能、统计业务智能交互功能。本项目的系统总体功能架构如图 4-3 所示。

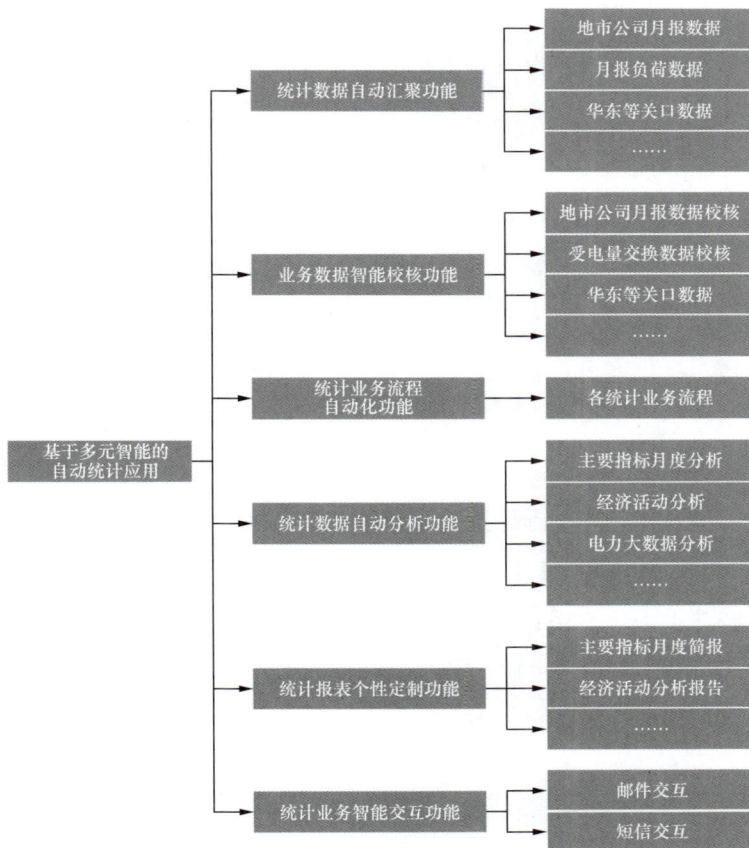

图 4-3　系统总体功能架构

59

4.2 基于 RPA 的电力统计数智化转型浙江实践

4.2.1 明确统计数智化转型定位

1. 强化战略管理，明确数字化智能化发展部署

数字经济事关国家发展大局。2020 年以来，浙江深入实施数字经济"一号工程"2.0 版，加快推进国家数字经济创新发展试验区建设；国网浙江电力以构建新型电力系统为抓手，加快推动"数字浙电"建设方案落地实施。在此背景下，国网浙江电力发展策划部（简称"国网浙江电力发展部"）顺应数实融合大趋势，抢抓数字化发展重大机遇，主要顺应数实融合发展趋势，抢抓机遇、顺势而为、启动数字化转型发展重大战略，统筹编制中长期企业数字化发展规划、中短期行动计划和年度重点工作计划等。

2. 提升能级定位，确立智慧统计系统重点工作

提升能级定位，鼓励管理层和全体员工更加重视数字化发展，是推动我国电力企业构建智慧统计体系的重要抓手。国网浙江电力发展部确定"十四五"时期数字化发展战略并组建部门"一把手"担任组长的数字化发展领导小组。一方面，领导小组负责制定总体发展规划、明确重点业务板块、督办重点任务推进；另一方面，领导小组推动跨部门、跨板块、跨体系协调，化解项目实施中的难点、痛点和堵点，确保技术开发和项目实施有序推进。

3. 出台配套政策，重点支持数字化智能化建设

构建智慧电力生产统计系统是一项长期的、复杂的、跨部门的系统工程，离不开人力、物力、财力等多方面的先期投入和配套支持。近年来，国网浙江电力发展部指导国网金华供电公司以《网上电网发供用统计 RPA 功能模块》项目开发为契机，充分整合全公司内部资源、快速启动重点项目立项，协同省市县三级公司及专业开发团队和第三方智库机构，集中针对项目实施期间的重点、难点和痛点，加大人财物生产要素投入，组建核心团队联合攻关，定期组

织一线专家学者开展专题培训和交流。

4.2.2　制定统计数智化转型规划

1.　确立系统思维理念，统筹智慧统计系统建设

兵马未动，"理念"先行。一方面，遵循产业发展基本规律、立足企业自身发展基础，切实围绕提升电力生产统计核心竞争力中心目标构建智慧统计系统，避免"为数字化而数字化""一刀切数字化""唯数字化""数字化治百病"等伪数字化；另一方面，立足电力生产统计上下游业务的全流程、全链条、全业务整体宏观视角，分阶段、分业务、分场景地有序推进智慧统计体系建设工作，避免"一蹴而就"或"毕其功于一役"的局部观念。

2.　着眼全流程全链条，编制示范场景筛选标准

以"小切口"为突破点，构建信息系统"正反馈"机制，是持续推进智慧电力统计系统的重要保障。国网浙江电力发展部协同国网金华供电公司，联合专业团队开展前期研究和技术攻关，结合国内外 RPA 项目经典案例编制示范场景筛选评价体系。比如：①发生频次很高，每天都需要统计上报；②汇集任务复杂，涉及不同层级、口径、维度的电量收支等计算；③对接部门较多，涉及多个部门校验、提报、催办等实施互动流程。

3.　统筹全市县区发展，分区域分业务开展试点

综合比较示范场景筛选标准和全市 2 区 7 县市（含代管）发展基础，国网浙江电力发展部推动金华市兰溪、武义、磐安等县市公司联合开展智慧生产统计 RPA 流程开发工作，优先遴选数据智能监测、数据自动导入、用电量自动接入、设备自动校核、报表自动校验等作为典型示范场景，针对场景业务原状进行专题分析、提炼重点难点。比如：统计年报中的"源网荷全量设备智能统计"源端系统设备数据从 PMS、营销、调度引入后，存在一定量的数据缺失或误差，但核对工作量大（配网设备几十万条记录）、异常数据原因检查耗时长，需要解决人工核查速度慢、准确低、耗时长的难题。

4.2.3 构建统计数智化转型生态

1. 整合社会资源，主动开展立体化理论研究

以技术为引领、项目为纽带，充分整合外部专业团队力量开展多层次、宽领域研究。

（1）联合东南大学人工智能研究团队，重点开展 RPA 技术应用场景筛选标准研究，形成阶段性研究成果——《"长尾"流程优化工具——RPA 实施框架》。

（2）协同南京大学数字经济研究团队，集中围绕数字技术与电力统计融合发展关键路径研究，形成阶段性学术成果——《数实融合背景下我国工业企业数字化发展的逻辑、路径与实践研究》。

（3）与国网浙江电力专家和软件开发团队合作，重点围绕 RPA "数字员工"应用电力生产统计业务实践开展研究，形成《RPA 机器人集群在电网统计业务中的建设与应用》《RPA 机器人集群在电网统计业务中的建设与应用》《基于 RPA 技术的嵌入式生产统计数字员工系统应用》等系列成果。

2. 协同技术团队，开发"爆款"创新性产品

协同国内外优秀团队和知名专家，引入"蜜蜂、蚂蚁、鱼类等生物群体"仿真理论，充分借鉴、吸收生态物种和种群之间智能化、灵活性、高效性、可扩展和高可靠等多重优势，协同专业技术人员开发更加高效、更强容错和更高灵活的 RPA 机器人集群，并成功部署金华电力生产统计核心业务场景，形成一批嵌入核心业务环节的拟人化 RPA 机器人。一方面，"沈通""金灵""冼吉"作为实施者的业务机器人，负责承接、执行具体业务；另一方面，"云智""云途""云婺"作为引导者的云系列机器人，负责分派工作任务、下达指令管理及流程日志记录和监测。智慧统计系统 RPA 集群架构如图 4-4 所示。

在人机协同方面，浙江实践按照"人机交互、人机融合和人机共创"3 个层级依次演进。

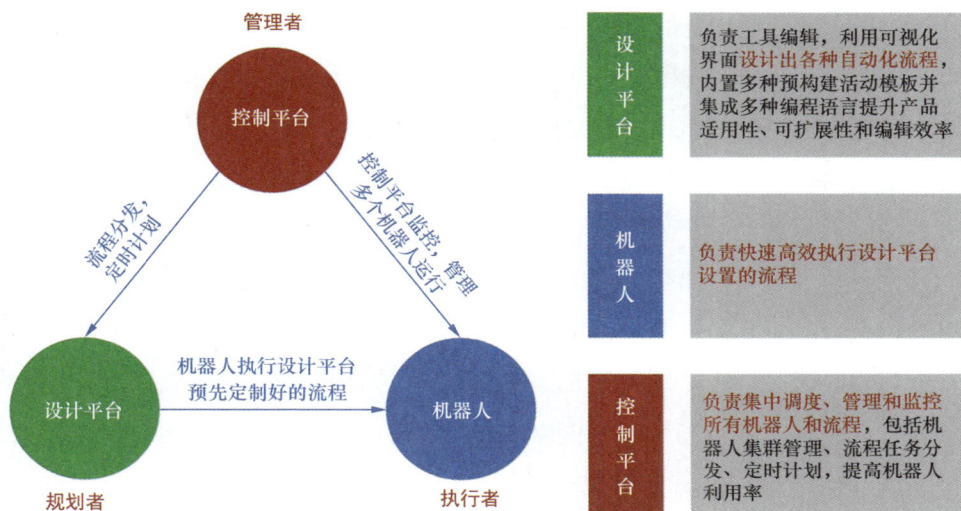

图 4-4　智慧统计系统 RPA 集群架构

（1）通过 OA 系统实现人机交互。由于每位公司员工都有其 OA 地址，不需要在每个服务终端建立客户端，人机接口零成本。机器人集群通过固定服务器配置，与用户通过 OA 发送邮件建立服务，当业务更新时，仅需要在服务器更新业务即可，避免在每个客户端更新带来的巨大成本和烦琐程序。同时通过对特定的 OA 地址设置，可以保护其统计数据，并且减少对机器人集群系统的攻击威胁。基于 OA 系统的权限管理流程如图 4-5 所示。

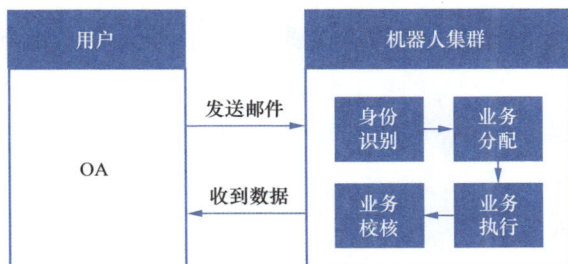

图 4-5　基于 OA 系统的权限管理流程

交互的过程为用户通过 OA 向机器人集群 OA 发送邮件，机器人集群系统

63

通过对用户地址进行身份识别、业务分配、业务执行、业务校验等流程完成交互，并对提交数据完成程度进行反馈。由于机器人具备数据校验功能、避免了传统业务交办过程中出现的数据核对不及时问题，同时由于其快速处理速度，可以避免数据审核排队现象。

（2）通过智能分配实现人机融合。机器的优势在于可以长时间作业，在准确性、精准度以及事务处理的吞吐量等方面的能力均高于人工作业。而人更具创造力，更具柔性和主观能动性。在系统设计时，将人和机器的作业进行合理划分衔接，明确流程分工，充分发挥各自的优势，实现人机无缝融合，从而发挥整体人机协同系统的价值。分电价售电量、分行业用电量报表人机交互流程如图 4-6 所示。该图展示了分电价售电量、分行业用电量报表流程中人机的作业划分和无缝对接环节，其中黄色框图由机器执行，蓝色框图由人执行。

通过群体智慧实现人机共创，数字员工和自然人混合组建虚拟数字班组，统计创新工作室，通过行业知识转换、群体智能以及人工智能自主发掘创造新的服务内容并动态更新。将"数字智商"（Digital Intelligence Quotient），融入统计日常工作，构建数字化团队战斗力，推进统计数字化转型。基于机器人集群的人机协同模式组建创新智慧型统计班组，推动电力统计业务数智化应用实践。

3. 搭建互动平台，定期开展多层次研讨交流。

顺应网络化、平台化、智能化发展趋势，围绕重点业务场景数字化发展、核心数字技术工具开发和基础数字技术平台开发等方向，充分利用国家电网和国网浙江电力品牌优势，重点面向国内外行业发展前沿、国内能源行业同行和互联网头部企业等，积极搭建互动沟通平台，主动开展学术研讨和专题交流。

（1）依托高等院校力量，积极跟踪前沿理论动态变化和智能电力统计业务进展，及时跟进国际热点、学习国内一流、掌握国内外最新行业动态。

（2）加强能源同行沟通，充分利用工作交流、专题研讨和学习考察等机会，与长三角、珠三角、京津冀等地区同行建立常态化交流互动平台。

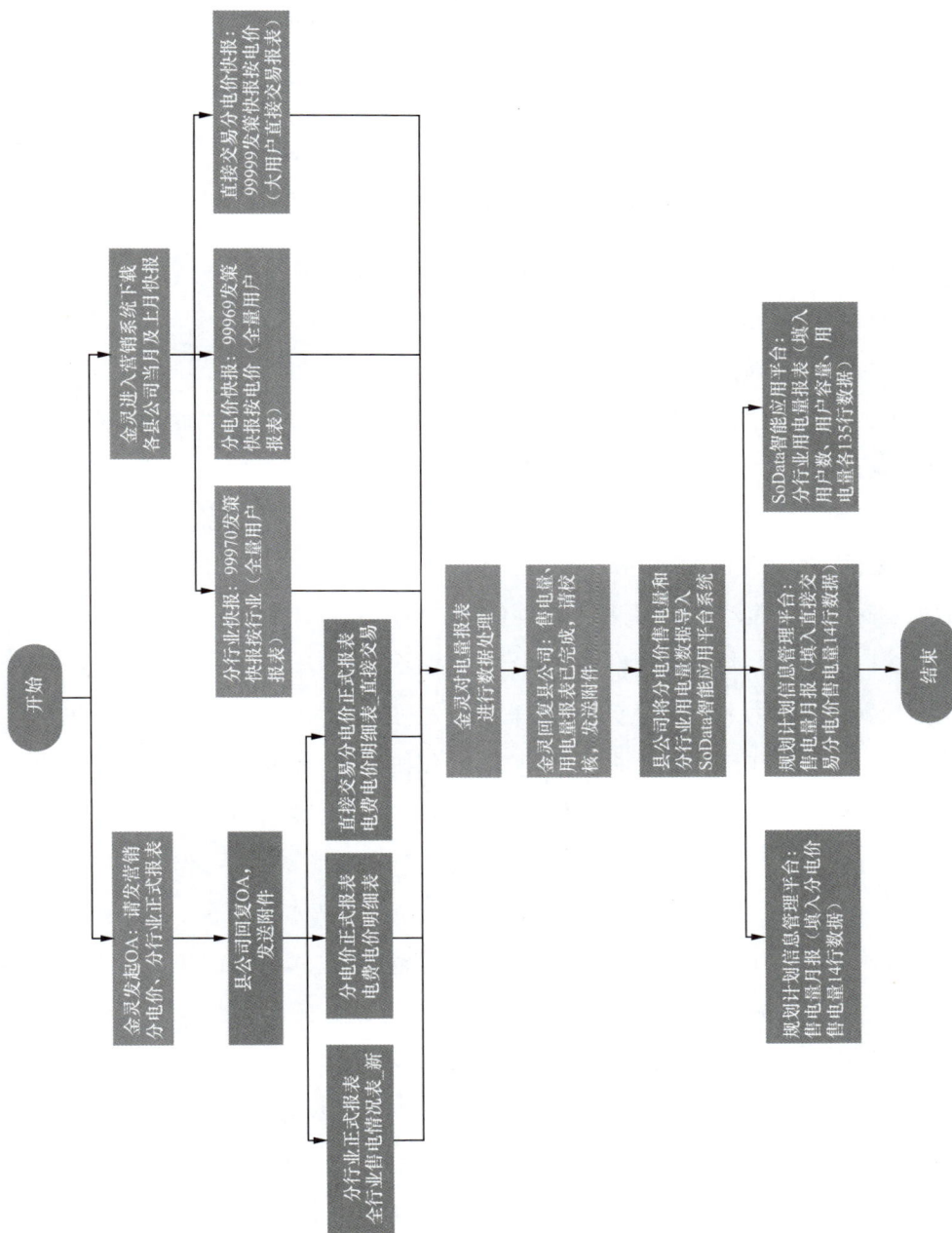

图 4-6　分电价售电量、分行业用电量报表人机交互流程

65

（3）对标学习互联网一流企业，主动与华为、阿里、腾讯等行业龙头对接，及时跟进头部企业数字化智能化转型发展的技术动态、案例宣讲和白皮书发布。

4.2.4 创新统计数智化转型项目管理

1. 围绕目标编制工作方案，形成可操作性任务清单

以国网金华供电公司《〈网上电网发供用模块 RPA 功能开发〉工作方案》为例，在明确"延续 2021 年（上一期）的研发成果"和"同步开展智能统计机器人二期研发"目标基础上，国网浙江电力发展部重点围绕"提升机器人在统计指标逻辑关系、数据校验方面的感知力和网上电网发供用自动统计方面的执行力"对工作内容进行细分，编制面向网上电网发供用数据自动接入和逻辑关系校验、面向网上电网设备统计的数据自动接入和逻辑关系校验、面向统计数据发布的多维度动态展示等 20 余项任务清单。

2. 加强项目过程化管理，保障数字化发展战略落地

国网浙江电力发展部高度重视过程管控、强化过程管控，严格落实工作部署，定期汇报工作进度，保证工作质量，确保按时高效完成任务。一方面，细化方案、有序推进，细化工作节点及工作内容，并对照总体进度要求编制具体工作目标及要求，确保按时完成调研、开发、验收审查等各项工作任务；另一方面，分工明确、协同合作，建立实时联络机制和双周汇报制度，组织专人专职按双周落实工作成果审查，确保按进度要求高质量完成任务。

3. 完善任务成果规范化，提升智慧系统业务覆盖面

作为电力生产统计核心业务重要支撑系统，国网金华供电公司发展部坚持以标准化、规范化、系统化的任务成果，提升智慧电力统计超级自动化的应用操作性和业务渗透度。为实现数据知识和业务经验无缝内嵌超级自动化操作流程和流转环节，协同开发团队分别编制《县公司月度报表智能统计流程操作规范》体系和《智能统计操作规范（市公司）》体系。其中，《县公司月度报表智能统计流程操作规范》体系包括《县公司关口电量生成》等 3 个分解子流程、

《智能统计操作规范（市公司）》体系涵盖《市公司营销快报补差值计算》等
17 个细分子模块。

4.2.5　设计统计数智化转型系统架构

1.　遵循系统设计基本原则，科学设计智慧电力统计总体架构

软件系统平台的复杂度与鲁棒性是衡量企业级应用平台的重要指标，智慧
电力统计 RPA 集群遵循系统层面分层设计、层内功能设计模块化两大基本原
则构建总体系统架构。一方面，智慧电力统计 RPA 集群使用分层架构，分为
设计层、解析层、执行层、中间件层、硬件及操作系统层 5 层；另一方面，智
慧电力统计平台不同层间之间，主要通过适配信息流进行通信，实现相互联系
但又不过度耦合，统筹兼顾软件系统平台的复杂度与鲁棒性（见图 4-2）。

2.　贯彻"循序渐进"理念，立足技术基础统筹规划系统功能

基于核心业务贯彻"循序渐进"理念，是增强智慧统计系统适应性、提升
核心功能模块渗透度、保障后续开发持续迭代升级的重要原则。国网浙江电力
发展部综合考虑统计信息系统基础条件、战略发展布局重点和电力生产统计核
心业务需求等多方因素，围绕智慧电力生产统计 RPA 集群的数字化智能化等
核心特征和内在诉求，集中规划设计统计数据自动汇聚功能、业务数据智能校
核功能、统计业务流程自动化功能等模块。

4.2.6　优化统计数智能转型人力资本结构

1.　构建常态化培训模式，提升全员数字素养水平

围绕智慧电力统计系统构建项目，定期组织数字化智能化发展专题培训，
全面提升企业管理层和各级员工数字素养水平。2020 年以来，国网浙江电力
发展部先后组织线上线下各类数字化智能化专题培训 20 余次。其中，3 次是
邀请高等院校知名专家学者、5 次是邀请国内数字经济领域头部企业一线专
家、7 次是邀请国内能源电力行业和兄弟单位专家，其余主要为组织国家电网
电力系统内知名专家和业务骨干专题培训。

2. 搭建数字专技委员会，导入一流数智专业人才

为更好地支撑前沿技术跟进、行业动态跟踪，国网浙江电力发展部协同软件技术公司模拟"人才飞地"模式，积极探索搭建虚拟化数字技术专家指导委员会，旨在为进一步推进"基于 RPA 超级自动化'网上电网'智慧统计系统"的构建提供研究咨询、方向指导和技术攻关。截至目前，国网浙江电力发展部已与浙江大学、南京大学、东南大学等专家学者及华为、阿里、腾讯等数字经济领域头部企业一线业务骨干达成合作意向。

3. 探索数智化认证机制，健全数智人才评估体系

专业化数字技术工程师是国网浙江电力加快推动智能电力统计系统的基础性支撑。2020 年以来，国网浙江电力发展策划部抓住智能电力统计系统开发和数字员工部署上线契机，主动利用工作流转、系统测试和入职培训等契机，围绕"人机交互→人机融合→人机共创"演进探索"数智化人才"认证体系。

4.2.7　营造统计数智化转型舆论氛围

1. 以制度引导智慧统计系统内置业务

一方面，标准化智慧统计 RPA 集群命名规则，统一编制生产统计、智能统计业务流程，根据项目进度为每一个流程设置专属编号和名称。比如：县公司关口电量生成流程，编号为"zjjh_fz001"，级别为县级，对应数字员工为"冼吉"，执行时间为每月"1 日 9 点"。另一方面，根据各流程功能、结构、基础数据管理等管控内容全过程，建立增量式《智能统计人机协作操作规范》和人机合作运维保障体系，确保数字员工应用规范有序、系统稳定可靠运行。

2. 运用技术手段提升数字员工渗透度

上线智能统计控制台和日志监控平台，实时测评数字员工"能力指数"，实时监测关键节点运作、流程执行效率、异常情况告警等效率效能效益反馈，及时优化"数字员工"系统、提升核心业务流程渗透水平。截至 2023 年 12 月，智慧电力生产统计Ⅰ期工程邮件交互正确率 100%、监视正确率 100%、故障处置智能指数 84%、智能联调完成率 80%、智能操作成功率 100%、智能数据分析质量 75%、灵敏度指数 84%，有力地巩固了曰力统计业务高效开展。

3. 以示范场景牵引多元应用场景覆盖

（1）持续扩大数字员工智能统计应用，不断加快投资统计等专业的研发和应用，逐步实现数字员工应用覆盖统计业务全领域。

（2）加快开发"统计自动分析"智能模块，围绕多场景诊断、多领域融合、高频度监护、高风险预警等方式方法，启动"以需求为导向、技术为支撑、预测为目标"的课题研究。

（3）积极开发电力大数据多维动态展示功能，主动借助数字技术和数据要素挖掘公司海量数据潜在价值，释放数据对提质增效和业务创新的倍增作用。

4. 以舆论宣传放到示范项目引领价值

加大典型场景引导作用，放大应用示范引领价值。一方面，借助外部权威媒体机构宣传"AI 数字统计员工"案例，提升场景传播美誉度、扩大数字化发展影响力，增加其他相关业务单位及核心骨干的关注度、主动性；另一方面，主动对接国家电网公司和国网浙江电力官方网站，宣传推广电力统计业务数字化发展示范场景，并与浙江省其他 5 项智能应用共同刊发《AI：让电网插上智慧翅膀》新闻报道，放大示范项目社会影响力和号召力。

4.3　电力统计业务流程 RPA 项目实施框架

企业处于多变的市场环境中，因此，高效和灵活成为企业维持竞争力的必要组成部分（Syed 等 2020[8]）。一系列的流程优化理论、技术和工具也应运而生（Fischer 等，2020[9]）。

一些理论和系统，如业务流程再造、ERP 等，按照帕累托最优的原则对企业的流程进行优化，提升其效率和柔性。与此相对照，企业中存在相当多的"长尾流程"，其功能失调，需要加以改进。与这些非常"重"的流程改造理论、技术和工具相比，RPA 提供了一种成本低、技术门槛低、见效快的、轻量化的方案来优化企业的"长尾流程"，提升这些流程的处理效率、稳定性、一致性和准确性，从而带来更好的员工及客户满意度。

RPA 是一种根据预先设定的业务处理规则和操作行为，能够模拟并增强用户与计算机系统的交互过程，自动完成一系列特定的工作流程和预设任务，有效实现人、业务和信息系统一体化集成的智能化软件（Ma 等，2019[10]）。RPA 可以模拟人的操作，同时记录用户在计算机上的操作行为，包括使用鼠标键盘命令、触发调用系统的各类应用程序等，如录入数据、收发邮件等系列行为。还可以按照约定的规则在计算机上自动实现数据的采集与录入、文件的上传与下载、图像识别与文本处理、数据的加工与分析、管理和监控流程以及信息的输出与反馈，以非侵入的方式为客户提供一个高效、合规、低差错率的事务处理方法。

近 10 年来，RPA 在国内外企业中得到了广泛的应用，但据 Huang 和 Vasarhelyi（2019）[11] 的统计，约有 50% 的 RPA 实施项目是以失败告终的。从文献梳理来看，国内外关于 RPA 的研究目前主要集中在单个企业或者行业实施 RPA 的个案研究。以国内为例，超过 90% 的 RPA 研究集中在财务、审计等领域的应用上。尽管 RPA 通常被认为是一种简单易行的技术，但要创建可靠、可推广且具有商业价值的 RPA，一般性的、普适性的 RPA 实施框架是提升 RPA 项目成功率的前提和基础。

本节在对 RPA 实施项目报告等文献梳理的基础上，归纳出 RPA 项目的实施框架，为不同行业、不同规模企业实施 RPA 项目提供参考，以提升 RPA 的成功率和可持续性。

4.3.1　归纳 RPA 项目实施框架的研究方法

本节主要依据 Vaishnavi 和 Kuechler（2015）[12] 提出的研究方法来发展出 RPA 项目的实施框架。该方法包含 4 个基本的步骤，具体如图 4-7 所示。

在认识阶段，主要是对研究问题进行识别和抽取并明确研究目标。从现有研究看，虽然 Gotthardt 等（2020）[13]、Syed 等（2020）[14] 提出了 RPA 面临的挑战，但均未深入到项目实施这个层次。本节的研究目的是发展出一套RPA的实施框架从全生命周期的角度帮助企业实施RPA。

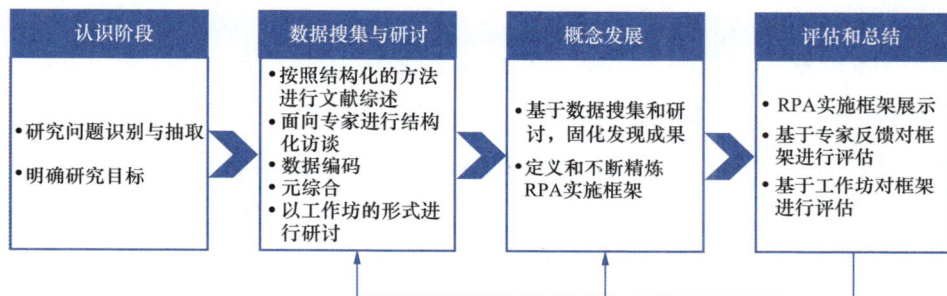

认识阶段	数据搜集与研讨	概念发展	评估和总结
• 研究问题识别与抽取 • 明确研究目标	• 按照结构化的方法进行文献综述 • 面向专家进行结构化访谈 • 数据编码 • 元综合 • 以工作坊的形式进行研讨	• 基于数据搜集和研讨，固化发现成果 • 定义和不断精炼RPA实施框架	• RPA实施框架展示 • 基于专家反馈对框架进行评估 • 基于工作坊对框架进行评估

图 4-7　RPA 项目实施框架的研究方法

在数据搜集阶段，按照 Webster 和 Watson（2002）[15] 的建议进行了系统的文献综述。为此，笔者在 AIS Electronic Library (AISel)、ACM Digital Library、Business Source Complete、EconBiz、Emer ald Insight、ESCBOhost、IEEE Xplore Digital Library、Research Papers in Economics&ScienceDirect、CNKI 等数据库中围绕文献的篇名、摘要和关键词，以"Robotic Process Automation"和 RPA 为检索词，查阅了近 500 篇文献，这些文献从 RPA 技术与系统、RPA 与人工智能、RPA 的方法论以及 RPA 与社会等方面展开研究，其中有 35 篇文献与 RPA 项目实施有关。这 35 篇文献即成为归纳 RPA 项目实施框架的基础材料。基于这 35 篇文献，可以初步归纳出一个 RPA 项目实施的初步框架。围绕这个框架，我们邀请了 3 位有 RPA 实施经验并担任过至少一个 RPA 项目经理角色的专家，采用半结构访谈的方式，对所归纳的初步框架，包括具体的实施阶段和细分环节的实用性、顺序及完整性，进行访谈。根据专家半结构化访谈的资料，由本书的两位作者独立对其进行编码。对编码后的结果由两位作者进行汇总，即所谓的元综合，得到 RPA 项目实施框架的一个正式版本，然后再邀请 3 位专家对这个版本进行检验，如此循环直至版本固化。

4.3.2 RPA 项目实施框架

RPA 项目的实施可分为 3 个前后相继的阶段，分别为初始化、实施及大规模推广。这 3 个阶段还可进一步细分，其中，在初始化阶段要完成如下工作：①识别 RPA 的具体需求；②确保 RPA 需求与公司的战略方向不偏离；③选择流程自动化的解决方案。在实施阶段，需要完成如下工作：①明确需要自动化的流程、RPA 软件系统选型、RPA 试点；②归纳 RPA 的典型案例。实施阶段往往需要外部专业咨询机构的参与。随着 RPA 的落地部署，RPA 项目前两个阶段的工作也告一段落，后续的工作主要是在试点和典型案例的基础上在全公司范围内进行推广。上述 3 个阶段均需要企业在组织、管理以及技术方面的系统支持，使得 RPA 应用在企业内部形成一个周而复始不断精进的过程。RPA 项目实施框架见表 4-4。

表 4-4 　　　　　　　　　　　　RPA 项目实施框架

阶段	环节
初始化	明确 RPA 需求
	辨别 RPA 与企业业务战略的一致性
	流程自动化解决方案选型
实施	流程选择
	RPA 平台选择
	RPA 试点
	创建典型案例
	RPA 部署
推广	RPA 大规模应用

1. 初始化阶段

初始化阶段的重点是参考其他企业的典型实践、内部研讨和访谈等方法明确 RPA 的需求。通过这些方法评估、明确企业当前需要自动化的流程。在确定 RPA 需求的同时，公司需要同步考虑引入 RPA 的重要性、实用性以及给企业带来的价值增值。需要从企业业务战略的角度出发，了解、明确 RPA 在哪些方面可以对企业的战略目标产生重要影响。如果无法发现 RPA 需求与企业战略的一致性，则不应考虑系统性的应用 RPA，应该只是做些尝试性的应用，以搜集企业可能感兴趣的点。此外，在 RPA 项目初期，企业就应该考虑推动 RPA 项目的组织问题，如组织的构成和人员分工等。应用 RPA 的目的是解决流程自动化的问题，但 RPA 并非流程自动化的唯一解决方案。除了 RPA 之外，流程再造、人工智能以及传统的 BPM 系统都能解决流程自动化的问题。各类流程自动化技术解决方案的比较，可从以下 5 个方面展开。

（1）技术解决方案的成本。包括开发、部署及运维的成本。

（2）应用该方案带来的收益。包括对工作效率的提升、成本的节约和客户满意度的提升等。

（3）技术解决方案的成熟度。这个部分需从技术发展和市场预期两个方面进行评估。

（4）技术解决方案的可用性。通过内外部专家来评估相关方案的可理解性、可学习性和吸引力。

（5）组织的成熟度。指企业是否为新技术的应用作好了准备，包括组织、人员以及数据等方面。

2. RPA 项目实施框架——实施阶段

在明确 RPA 是实现企业流程自动化的切实可行的解决方案之后，工作重点就转向流程的选择，也就是明确哪些流程需要且能够自动化并排定优先级。Leshob 等（2018）[16] 提出了一个包含 4 个步骤的方法来进行流程选择。

第一步，判断流程是否适合 RPA。主要从该流程的成熟度及标准化程度两个方面展开。所谓流程的成熟度是指该流程本身是否是稳定的，流程处理结果是否是确定的、可预测的。根据 Curtis（1992）[17] 的观点，流程是为实现特定目标而执行的一组有序的任务。判断其是否是一个标准化的流程，可从以下 4 个方面展开：①从功能的角度看，该流程中各个环节的输入、输出和处理是否是明确的；②从互动角度看，各个环节之间的拓扑关系是否是明确的，例如是否能够用顺序、分支和循环等来明确界定各个环节的事务处理关系；③从组织的角度看，该流程中的各个环节是否有明确的责任人；④从信息的视角看，该流程中各个环节的主、客实体的属性是否是清晰明确的。上述 4 个方面越清晰明确，该流程的标准化程度越高，流程的可编程化程度越高。

第二步，评估业务流程的 RPA 潜力。这一步主要是评估一个特定业务流程有多大可能性用软件机器人来代替之前的人工处理。具体分为两个步骤：①计算该业务流程中各个环节的 RPA 潜力值；②将各个环节的 RPA 潜力值加权后得到整个业务流程的潜力权重。业务流程中某个业务环节的 RPA 潜力值的计算步骤如下：先是对该业务环节进行拆解，将其拆解为一系列的原子型活动。然后对于每个原子型的活动评分。评分条件为：①该活动需要与某个 IT 系统或者应用进行手动交互；②该活动的事务处理有明确的业务规则。如果符合①②两个条件中的任意一个，则该活动的 RPA 潜力值为 1；如果两个条件都不满足，则得分为 0。最后将各个原子活动的 RPA 值加总后再除以活动个数得到该业务环节的 RPA 潜力值。在计算得出每个业务环节的 RPA 潜力值后，将一个业务流程中所有业务环节的 RPA 潜力值加总后除以流程的环节数量即可得到该业务流程的 RPA 潜力值。

第三步，评估业务流程 RPA 的迫切性。Willcocks 等（2017）[18] 认为 RPA 适合那些高频次但低复杂度的流程。因此，可以从一个流程的执行频次和复杂度两个维度评估其 RPA 的迫切性。在实际评估中，用每天流程被执行的次数来衡量该流程是否高频；用人工处理该流程所需要的时间来衡量该流程的复杂程度。在一些企业的实际评估中，根据每天该流程执行次数将流程分为高频、中频和低频；根据人工处理该流程所需时间将流程分为复杂、适中、简单 3 类。两者结合形成一个二维的迫切性评估矩阵，如图 4-8 所示。

在现实工作中面对一个具体的业务流程时，可基于图 4-8 和该流程在执行频次和复杂度上的得分，明确该业务流程 RPA 的迫切性。

第四步，业务流程的 RPA 综合评分。构建一个二维的评估矩阵，一个维度是从第二步中得到的该业务流程的 RPA 潜力，另一个维度是从业务流程

RPA 的迫切性。基于这两个维度的得分，最终形成该业务流程 RPA 的综合评分，并基于这个评分来对流程 RPA 进行优先级排序。业务流程 RPA 综合评分矩阵如图 4-9 所示。

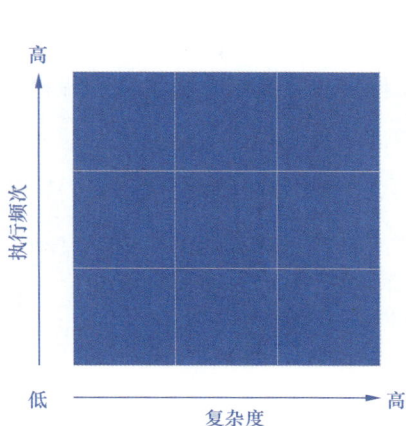

图 4-8　业务流程 RPA 迫切性评估矩阵

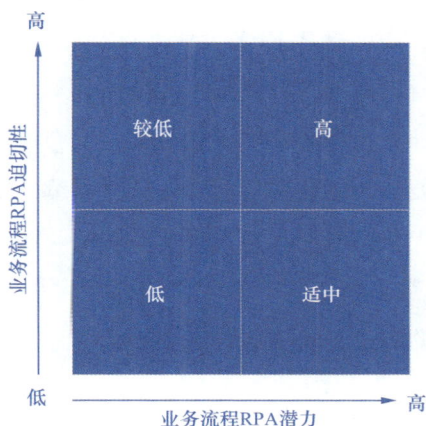

图 4-9　业务流程 RPA 综合评分矩阵

在做完流程选择之后就是选择合适的 RPA 自动化软件服务商。为此，首先需要考虑的是软件的成本、软件应用对员工技能的要求以及相关的服务商在这一领域是否有成功案例；其次，除了上述因素外，还需要考虑供应商在 RPA 实施过程中及运维阶段所能提供的支持、供应商的声誉、使用低代码编程开发的能力、软件成熟度、RPA 云解决方案的可管理、安全性等因素。

RPA 试点的目的是在全面推行业务流程 RPA 之前，通过试点验证 RPA 的功能、技术及财务可行性，并将相关结果向利益相关者及决策者展示，为后续大规模推广 RPA 提供可靠的决策依据。

业务案例对于缩小 RPA 试点与随后在公司内部采用和推广 RPA 服务之间的差距至关重要（Lamberton 等，2016[19]）。业务案例应该就某一流程在实施 RPA 之前和之后进行比较，如流程处理时间的变化、差错率的变化、处理成本的变化、客户满意度的提升等。

在实践过程中，严格按照前述的评估方法筛选需要自动化的流程，其中省公司 15 个、市公司 17 个、县公司 3 个统计类流程，覆盖报表编制、报表催报和报表审核 3 个环节。为了让统计数字员工融入现有的统计工作体系中，做了以下 3 个方面的工作：①首创生产统计 RPA 机器人集群技术构架，完成省市县生产统计 RPA 全业务流程自动化业务构架创新应用，完成适用 RPA 的投资统计业务流程重构，提出一套从总部到省市县四级投资统计业务全流程优化设计方案；②实时评估、实时发布流程自动化前后统计工作质效的变化，原先需要 2 天完成的县公司统计月报编制工作，现在 2 个小时就可以完成，且差错率大幅降低；③拟人化实施类的业务机器人，如省、市、县三级的机器人分别取名为"沈通""金灵""冼吉"，很多同事在很长时间内都未意识到与他们协作的是机器人，这种方式极大促进了人机协作。

3. RPA 项目实施框架——推广阶段

RPA 推广包括在企业日常运营中激活 RPA 的所有活动，包括 RPA 在权限设定、同事接受度等方面的工作。在推出 RPA 的同时，还可以开展针对 RPA 的培训、围绕 RPA 的宣传，以提高员工对 RPA 的接受度，从而使员工积极主动地发掘自动化的更多潜力。

在成功开展 RPA 试点和制定明确的商业案例后，可以滚动推进 RPA 的落地及规模化部署（Schmitz 等，2019[20]）。随着 RPA 流程复杂度的不断增加，RPA 团队对 RPA 本身以及企业流程自动化的可行性的理解也会不断增强。在此过程中，可借助外部专业服务商来给予支持。

在实践层面，浙江电力汇集了来自内部、外部开发商、高校和咨询机构的管理、流程以及业务方面的专家，全程指导 RPA 项目的开发、实施和推广。

4.4 浙江电力统计数智化转型典型案例——数字员工"金灵"

传统电力统计存在数出多门、重复统计、线下收集、人工干预等诸多痛点。传统统计与自动统计比对如图 4-10 所示。本项目通过引入基于"RPA"技术的数据"金灵",模拟统计人员在日常统计工作中的流程性操作,实现在各类系统跨专业数据的全天候自动采集,并可进行数据清理、数据集成、数据去规约、数据变换等预处理工作。通过引入链接分析算法、用户画像、智能推荐等新技术,数据"金灵"根据用户的特定需求,运用动态模板技术,自动化、定制化输出统计分析图表、报告。从公司领导、中层管理者、普通员工 3 个层面开发若干数据分析展示功能应用,满足公司各层级数据使用者的需求。

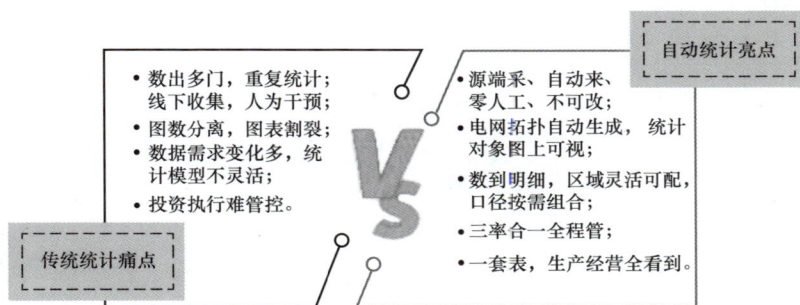

图 4-10　传统统计与自动统计比对

4.4.1　数据源及数据处理

1. 数据源

本项目数据主要来自 5 个信息系统,包括网上电网系统,规划计划信息系统,调度 E5000 系统,营销管理系统,元数据系统。本项目充分考虑到浙江省的实际情况,引入内部生产经营数据和社会经济及电网规模类数据作为地域因素,以多维度地体现各地市的数据情况。

本期项目共使用 24 个数据源表,具体信息如图 4-11 所示。

2. 数据处理

数据员工"金灵"对上述 24 个数据来源按场景、按业务流程进行集中处理，包括但不限于对体量大、类型多、价值密度低的数据集合进行处理、分析，保证数据的效能得到最大化体现，支持隐藏价值的挖掘、辅助决策和趋势预测。统计是以公司业务的提升和增值服务为目标，利用数据存储、计算分析与挖掘、数据管理与服务和数据展示等关键核心技术，提高实时处理效率、扩展交互式分析维度、提升辅助决策高度、挖掘数据深度的同时，推动公司业务发展和管理水平提升。挖掘数据预处理包括数据清理、数据集成、数据去规约、数据变换等。

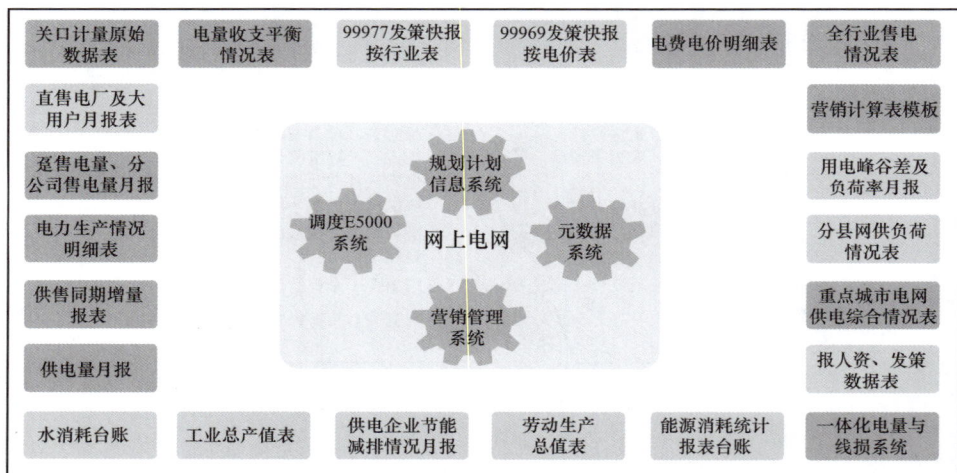

图 4-11 数据源表具体信息

（1）数据清理。将省、市、县公司各数据源分批次分场景分需求进行离群点处理，剔除异常数据。通过对电网数据总结来看，在数据预处理阶段将离群点作为影响数据质量的异常点考虑，结合箱线图和 MAD 的统计方法判断变量的离群点，这样的处理方式更为简单和直观。

（2）数据集成。对于不同系统下载的数据，如营销系统、规划系统数据进行整合。对多个数据源中的数据在明确关系后，制定数据集成规则，依据规则进行去重和融合，将其存入特定宽表中。

（3）数据规约。对于"金灵"下载的表格数据，剔除冗余、不相关数据。

首先对数据进行维度规约，在各数据源系统中，其中部分属性与挖掘任务不相关的，通过删除不相关属性，以达到减少数据量的目的；其次对数据进行维度变换操作，将现有的数据降低到更小的维度，大大提高实际建模的效率。

（4）数据变换。对数据进行规范化，离散化，稀疏化处理，通过表格形成最终展现形式，根据需求定制化形成相关报表。

4.4.2　模型构建

智能统计"金灵"模型的基本思路，基于历史的统计信息数据，构建特征向量用来表征不同统计维度，同时以数据行为目的作为参考，进而训练机器学习模型，即对智能统计维度和数据用途进行分类，并输出各流程所需的数据信息。

模型基于历史统计信息，自动判断用户业务场景需要使用哪些系统的数据，构建业务流程使用用户与统计数据关联信息，混合一定比例的非智能统计用户和正常用户，将各数据来源以及关键字作为数据输入，整合为原始训练数据集。再将省、市、县报表原始训练数据集划分为训练集、验证集、测试集 3 个部分，训练集用于模型训练，验证集用于模型调优，测试集用于模型检验。

采用相关算法自动生成若干棵决策树，并根据各决策树的结果对用户是否调用数据进行判别，若判别错误则修改决策树的分支，以达到不断学习优化的目的，并采用交叉验证法对模型有效性进行检验。具体步骤如下：

第一步，针对历史统计信息的时间序列进行特征提取。

第二步，提取时间序列的关联特征。

第三步，提取异常事件特征。

第四步，业务流程静态信息的特征提取。

由于本项目涉及业务场景广，数据维度深。此处仅以数据智能监测场景为例说明，如图 4-12 所示。

数据智能监测场景

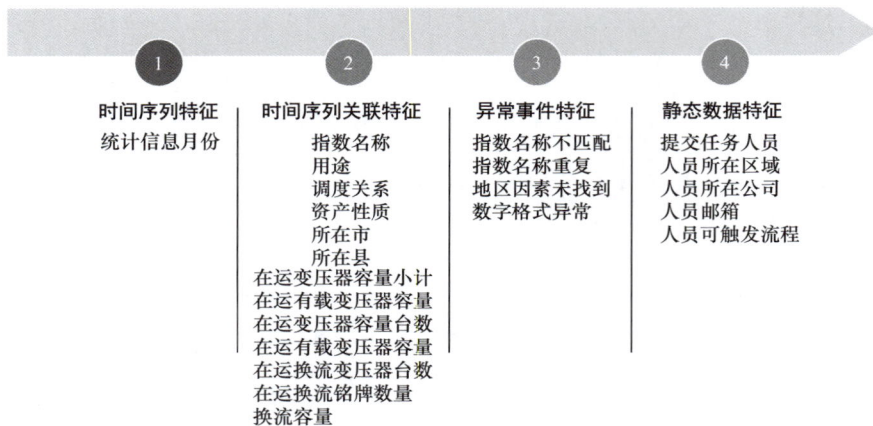

1 时间序列特征
统计信息月份

2 时间序列关联特征
指数名称
用途
调度关系
资产性质
所在市
所在县
在运变压器容量小计
在运有载变压器容量
在运变压器容量台数
在运有载变压器容量
在运换流变压器台数
在运换流铭牌数量
换流容量

3 异常事件特征
指数名称不匹配
指数名称重复
地区因素未找到
数字格式异常

4 静态数据特征
提交任务人员
人员所在区域
人员所在公司
人员邮箱
人员可触发流程

图 4-12　数据智能监测场景

4.4.3　成效及前景

针对常态化数据获取工作，如供售电量、营销、财务、人资、运检等专业系统中的数据，通过数据"金灵"可实现跨专业、跨系统、全天候实时获取。针对数据质量核查工作，如网上电网中同期发、供、售日电量检查监测，通过系统功能设定方式实现，构成线上数据核查规则，确保关键属性完整、准确，并符合业务规范，进行自动核查任务设置。通过触发机制时间点，对于新增数据及时进行检查或者定期监测检查，如每天的 07:30、12:00 对于新增数据实时监测，推送核查结果，及时发现质量问题，改善数据质量。

以生产经营报告中涉及的电网资产为例，在传统操作中，业务人员定期要从网上电网系统下载不同时期的变电站、变压器、线路数据等进行比对，手动计算和生成各数据差异项；而自动化操作可以通过智能优化流程，自动下载各时间段的数据报表，自动生成差异数据。

基于公司大数据平台可视化需求，引入链接分析法、用户画像、智能推荐等新技术，实现多维动态展示。分级、分层设计数据权限，实现个性化数据发布功能。内容涵盖电力经济热点指标（如全社会用电量、工业用电量等)、企业负责人关键指标(如售电量增量、线损率、发展投资效率等)、同业对标指标(如容载比、单位负荷增长增供电量、单位电网投资增售电量等)。

金华公司作为主创单位之一开展了浙江省县级供电企业电网发展及生产经营数据分析与综合评价,对 64 个县公司的内外部 79 项三级指标数据进行相关性分析和差异化聚类策略,采用三阶段 DEA 投入产出效率分析等分析工具,对各县级供电企业生产经营状况进行对比分析,针对性提出"发展规模型、重点投资型、潜力挖掘型、制约突破型、效率提升型"五大发展类型。形成动态评价过程,反映各县级供电企业在一个时期内的经营成果,提出适应各县级供电企业发展的结论与建议。

以重点投资型县级供电企业为例,该类型企业共计 6 家,此类企业为外部环境较好,发展较快的企业,GDP 均值为 976.68 亿元,人均 GDP 约为 9.42 万元,该类企业的售电量处于较高水平,占全省县级供电企业售电总量的 19.86%。该类公司电网整体发展均衡,未来具有较强的可塑性。从该类型中排名前三的海宁市、诸暨市、义乌市三家企业的雷达图(见图 4-13)可以看出,供电能力是这 3 家企业亟需优化的指标,但侧重点略有不同:海宁公司重点需解决主变重载问题;诸暨公司总体来看其供电区域内主配变及线路容量均明显高于负荷水平,具体表现为 35kV 容载比、主变压器轻载比例、线路轻载比例均处于较高水平,电网设备未得到充分利用;义乌公司的供电能力不足主要体现为 110kV 容载比偏低、主变压器负载过重、110kV 线路负载则同时存在重载和轻载比例过高的现象,但义乌公司在电网结构、技术装备、供电质量和优质服务方面得分都较高,说明用户的用电体验还是较为良好的。除供电能力外,诸暨公司和义乌公司可重点对高损台区进行整治,可在较大程度上提升经营业绩方面的得分。

金华公司本着以应用促发展的原则,将网上电网设备自动统计和供售电量同期监测功能创新应用在县公司生产经营分析中,以月度经营分析报告为抓手,统筹推进市县二级重点行业和园区用电分析工作。开展分析报告孵化推优和评选工作，深度挖掘大数据应用，分析报告质量稳步提升，有效辅助公司经营决策。

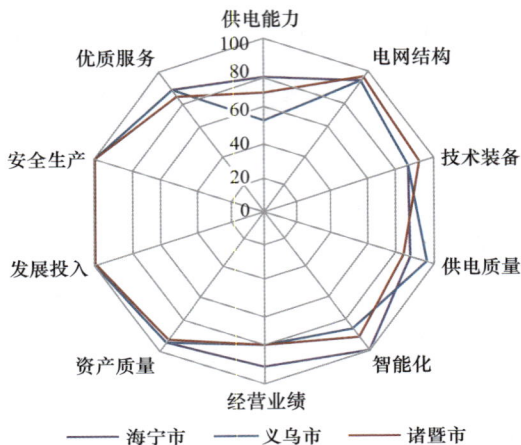

图 4-13 排名前三企业的雷达图

随着本项目的深入开展，通过数据员工"金灵"的广泛应用，生产经营分析工作实现了"短""平""快""精""准"的成效。"短"，即缩短了业务流程；"平"，即多部门平行联动分析；"快"，即快速智能实时地输出分析报告；"精"，即深度挖掘数据背后的潜在规律；"准"，即分析结果更加精准。

第5章 电力统计数智化转型展望

5.1 电力生产统计数智化发展现状

5.1.1 电力生产统计数智化转型背景

信息化建设是电力投资非常重要的组成部分，电力行业的发展离不开信息化的支持，而电力行业稳定发展，也为电力信息化尤其是电网信息化的发展提供了强大支撑。随着我国进入"十四五"时期，基于实体经济和数字经济融合发展背景，数字化转型成为电力信息化的重要体现和中心工作内容。2020年8月，国务院国资委印发《关于加快推进国有企业数字化转型工作的通知》，正式定调数字化转型为央企下一步的工作重点。作为我国经济的重要组成部分，央企将在数字化转型的浪潮中起到标杆作用。

在"十四五"时期数字化发展规划中，国家电网提出：坚持一业为主，加快电网向能源互联网升级，确保到2025年基本建成具有中国特色国际领先的能源互联网企业；推进电网生产数字化。强化电网规划、建设、调度、运行、检修等全环节数字化管控；积极开展智慧车联网业务。搭建了全球规模最大的智慧车联网平台；组建国网大数据中心。在技术攻关上，加大电力芯片、人工智能、区块链、电力北斗等新技术攻关力度。

2021年9月，国家电网公司主要负责人在能源电力转型国际论坛上，提出"十四五"期间国家电网计划投入3500亿美元（约合2.23万亿元人民币），全面推进电网转型升级。其中包括聚焦多能互补、智慧用能、能效管理等重点方向，加快建设一批综合能源服务项目，发挥电、气、热、冷、氢等不同能源系统的耦合互补效应，以及数字化赋能效应，示范推动综合能源服务产业发展。聚焦电力大数据价值挖掘，强化"电力看经济""电力看环保"等服务。无论是能效管理，还是数字化赋能，抑或是数据价值挖掘，其基础均高度依赖于电力生产统计数据。因此，"十四五"时期以来，电力生产统计数智化转型成为我国电力信息化建设和数字化转型的重要内容和重点工作。

5.1.2　电力生产统计数智化发展总体目标

电力生产统计是指对电力行业中的发电量、能源消耗、经济技术指标等进行系统性记录和分析的过程。根据《电力生产统计技术导则　第 1 部分：发电生产统计》（DL/T 2303.1—2021），发电生产能力、产品产量、能源消耗及经济技术指标的统计技术要求与方法都有明确规定，适用于电力行业的发电统计管理。这些统计数据不仅包括发电量，还涉及燃料消耗量、效率、进口量 / 出口量、累积发电量、损耗量、最终消费量等。因此，电力生产统计是一个复杂而全面的过程，它涵盖了从发电到传输、分销和最终消费的各个环节，可为政府和企业提供决策支持，并促进电力行业的可持续发展。基于实体经济和数字经济深度融合发展的分析框架，电力生产统计数智化转型核心内容是利用数字技术驱动、数据要素（电力数据"反哺"）赋能、（数字）人力资本提升等核心机制，提升统计准确性和统计效率、拓宽统计对象和数据颗粒度、改善统计数据质量和优化工作流程，真正为数智化坚强电网建设和新型电力系统构建等提供有力支撑。

2024 年 1 月，国家电网有限公司第四届职工代表大会第四次会议暨 2024年工作会议在京召开，提出："当前和今后一个时期要加快构建清洁低碳、安全充裕、经济高效、供需协同、灵活智能的新型电力系统，建设新型能源体系，打造数智化坚强电网，坚持系统观念，实现多目标平衡。"其中"加快建设新型电网，打造数智化坚强电网"，必须把握好"44345"主题要义，即"四大基础""四大特征""三大内涵""四大功能""五大价值"。在此过程中，至少有两大方面涉及电力生产统计工作数智化转型总体目标和基本路径。一方面，"四大基础"即以特高压和超高压为骨干网架，以各级电网为有力支撑，以"大云物移智链"等现代信息技术为驱动,以数字化智能化绿色化为路径;另一方面,"五大价值"即实现对电网全环节全链条全要素灵敏感知和实时洞悉、网络结构动态优化、生产运行精准控制、用户行为智能调节等。从中长期来看,电力生产统计数智化转型必须围绕"数智化坚强电网建设和新型电力系统构建",遵循数字技术驱动、数据要素赋能和人力资本提升三大机制做好电力生产统计工作。

5.1.3　电力生产统计数智化发展主要进展:以 RPA 为例

1. 电力生产统计数智化转型与电力信息化

信息化建设是电力投资非常重要的组成部分,电力行业的发展离不开信息化的支持。长期以来,电力信息化建设为我国电力事业和电网服务水平提升做出重要贡献。作为电力信息化的重要组成部分,电力生产统计数智化转型及其发展与电力信息化存在相辅相成的作用关系。一方面,电力生产统计数智化转型不仅是以电力信息化为基础,也是电力信息化工作的重要体现;另一方面,电力生产统计数智化转型自身的发展逻辑和业务场景,又向电力信息化工作开展提供新的需求牵引和动力支撑。因此,电力生产统计数智化转型发展逻辑基本与电力信息化保持一致,研究电力生产统计数智化转型有必要以电力信息化发展为基础。

2. 信息化视角下电力生产统计数智化转型主要历程

20 世纪 60 年代以来,我国电力信息化随着信息技术发展而实现从单一功能到全面集成、从简单应用到智能化转型的演变,其中基本遵循技术驱动、数据赋能和人力资本提升三大核心机制,为回顾电力生产统计数智化转型主要历程提供重要参考。

第一阶段,起步阶段:20 世纪 60 年代初至 80 年代初。这一阶段主要特征是引入计算机技术用于科学研究和工程设计,实现手工记录和纸质文档向电子化记录转变。比如:电力试验数据计算,即利用计算机进行电力试验数据的计算和分析;发电厂设备自动监测,即在一些大型发电厂开始安装自动监测系统，实时监控设备运行状态；变电站所自动监测，即部分变电站安装了自动监测系统，实现对电力设备的远程监控。

第二阶段，初级发展阶段：20世纪80年代中至90年代初。这一阶段主要特征是计算机技术在电力企业的生产管理中得到广泛应用，开始构建专门的数据管理系统并实现数据的集中管理和查询。比如：发电厂生产自动化控制系统，发电厂开始采用自动化控制系统，实现对生产过程的精确控制；电力负荷预测系统，利用计算机模型进行电力负荷预测，优化电力调度；计算机辅助设计系统，用于电力工程的设计和规划，提高设计效率和质量。

第三阶段，快速发展阶段：20世纪90年代中期至21世纪初。这一阶段主要特征有两大方面。一方面，电力企业开始构建企业级的信息系统，实现数据的网络化共享和集成管理；另一方面，利用信息技术优化业务流程，提高管理水平和服务质量。比如：电力生产管理系统，涵盖了发电、输电、配电等各个环节，实现了生产过程的全面管理；电力客户服务系统，提供了客户信息管理、故障报修、电费查询等服务，提升了客户满意度。

第四阶段，深度集成阶段：21世纪初至今。这一阶段逐渐开始全面使用新一代信息技术，逐渐利用数据要素赋能技术价值、挖掘信息含量，实现对传统业务流程优化、工作效率提升和服务效能增强等。比如：对海量电力数据进行深度挖掘和分析，为决策提供支持；利用云计算平台提供的强大计算能力和灵活的服务模式，提高数据处理效率。在此过程中，电力行业正在通过技术创新改变传统工作方式，提升服务质量和运营效率，实现数智化绿色化转型发展。比如：通过智能电能表等设备收集用户用电数据，为用户提供个性化的节能建议和服务，提升用户侧的能源利用效率。

3. 2020年以来电力生产统计数智化转型典型实践：以RPA为例

2020年以来，国网浙江金华供电公司聚焦电力统计业务数字化转型和智能化发展，以电力生产统计主要业务的数字化为基础，以"AI数字员工"作为新型劳动力，在成功研发首个AI数字员工"金灵"的基础上深度研发形成了由"沈通""金灵""冼吉"等多机器人集群、人机协作模式的新形态，推动基层统计系统自动化智能化集成创新，围绕数据智能监测、数据自动接入、数据智能校验等形成一系列典型场景。

在数据智能监测的典型场景应用方面，数字员工定时定点监测和上报各数据可用情况，并通过短信平台发送通知，实现数字员工 1min/ 单的处理效率，业务流程整体效率提升 300%，节省人力 30min/ 日。在数据自动接入的典型场景应用方面，通过数字员工优化流程，每月定时定点抽取关口电量数据，并自动完成汇总和上报，实现数字员工 3min/ 单的处理，业务流程整体效率提升 600%，节省人力 180min/ 月。在数据智能校验的典型场景应用方面，通过智能优化流程，自动下载各时间段的数据报表自动生成差异数据，实现流程整体错误率降低至 0%，整体工作效率提升 1000%。在数据智能校验的典型场景应用方面，通过机器人完成的校验表数据自动检查工作，弥补报表系统自身的不足，提高数据统计工作效率；同时，将数据检验校核前移到数据源端，缩短了业务审核流程，正确率 100%。

5.2　数智化转型前沿技术应用现状

5.2.1　云原生

1. 基本概念

云原生（Cloud Native）是一系列基于云计算模式开发和部署运行于动态环境中的可拓展应用程序的方法集合，实质是一种充分发挥云效能的最佳实践路径和方法论，包括云原生产品、云原生技术、云原生架构，以及构建现代化应用的云原生开发理念。代表技术包括容器（如 Docker）、微服务、服务网格（Service Mesh）、不可变基础设施、声明式 API、Serverless（无服务器计算）、DevOps（开发运维一体化）、持续集成 / 交付（CI/CD）、康威定律等。云原生具有模块化、可观察、可部署、可测试、可替换、可处理 6 项特点，其充分利用了云计算的弹性、可伸缩性和分布式特性，帮助企业构建敏捷高效、弹性可靠的应用系统和运维流程，从而快速地响应市场变化，已成为现代化软件应用开发的趋势。

2. 发展现状（历程）

云原生概念最早由 Pivotal 公司的技术产品经理 Matt Stine 于 2013 年正式提出，2015 年 Matt Stine 出版《迁移到云原生架构》，系统阐述了云原生的设计原则和实践方法，2018 年 CNCF❶ 对云原生作出更广泛的定义。云原生发展历经多个阶段，技术演进可分为"传统的集中式架构→分布式架构→微服务架构→ Serverless"。

十年来，我国云原生技术发展迅速，市场规模已达千亿级，核心技术已达较高水平，云原生产品形态整体趋于成熟，并呈现出大中型互联网企业主导云原生产业发展，技术应用快速向垂直行业扩展等明显特征。核心技术方面，容器、微服务、Serverless 已达较高水平，其中容器生产环境采纳率接近 80%。产品形态方面，已累计形成至少 90 个云服务商、累计上线至少 191 个云原生技术产品。应用生态方面，超过 60% 的云原生技术用户为互联网企业❷，同时以互联网、软件和信息服务业为引领，带动金融、电信、能源、制造等传统行业快速应用。除此之外，我国云生态开源项目数量破百、覆盖全技术领域，国内厂商角色正逐步由"跟随者"向"引领者"转变。❸

在云原生技术广泛应用的同时，安全性、标准化、合规性、运维复杂性等问题亦不可忽视。安全方面，镜像漏洞、容器逃逸、服务交互安全等安全性问题是企业大规模应用云原生技术的最大顾虑❹。标准化方面，我国云原生技术的标准体系建设仍较为分散、进程相对滞后。运维复杂性方面，云原生技术可能在多个不同平台之间交互操作，存在一定的运维难度。

---

❶ CNCF：Cloud Native Computing Foundation，云原生计算基金会。
❷ 云原生产业联盟，云原生发展白皮书（2020 年）。
❸ 创原会，云原生 Cloud Native，2023.07 第 7 期。
❹ 中国信通院，《中国云原生用户调查报告（2021）》。

3. 典型实践

随着数字经济的发展及企业数字化进程加快，云原生作为新一代数字基础设施，已成为全行业数字化建设不可或缺的部分，是企业数字化转型的核心支撑及关键驱动力，越来越多的企业通过云原生技术应用驱动业务创新发展。

金融领域，招商银行数字化转型、网商银行核心系统入选中国信通院评选的 2019 年云原生优秀案例。招商银行通过建立基于容器技术的新一代企业级 PssS 统一管理平台，整体提升银行应用开发水平和交付速度，并为业务系统快速迭代提供保障。网商银行通过云原生应用 PaaS 平台、容器技术和 DevOps 云原生技术，将核心系统架构在金融云上，实现底层架构全面升级，从而支撑整体业务容量和峰值 TPS 的大幅增长。

电力领域，腾讯以 TSF 微服务平台、TCNP 容器平台为底座、采用双 Region 设计，为南方电网建设"南网云平台"，实现了南网 IT 资源的统一管理和灵活调配、服务高效集成和应用敏捷开发，助力南网快速实现业务应用的云化、服务化和数字化，增强业务可用性，提升业务响应能力，加快业务创新，推动南方电网公司数字化转型。试运行期间，南网云平台为全网提供 210 次上云支撑，保障了拥有近亿用户的互联网客户平台、电力市场交易系统等 376 个重要系统和 519 个微服务的安全稳定运行，实现主节点 58 个存量云应用迁移，分节点 6 个异构云纳管，圆满完成各项重大活动期间的安全保障任务。

4. 发展趋势

随着智能时代的快速发展，大数据、物联网、生成式 AI 等以云原生为根基的创新技术和产品爆发式增长，云原生技术正逐渐成为其中的关键支撑及核心驱动力，其未来发展呈现以下几个趋势。

（1）更加自动化、智能化。云原生运维将深化人工智能和机器学习技术的融入，实现智能化、自动化运维，能够预测系统故障并自动修复。企业将采用更多的自动化工具来管理云原生环境，从而减少人工干预的成本和错误率。

（2）多云和混合云更加普及。用户用云环境日趋复杂，多中心、多集群、云边端分布以及多云混合云的部署需求成为常态，分布式云原生成为多云平衡战略的重要支撑，国内领先服务商和头部用户均已开展深入实践，即将规模化应用。

（3）更注重安全性和合规性。为应对潜在的安全及合规风险，企业将更加注重云原生环境的安全和合规性，采用更多的安全技术和策略来保护数据和应用程序。云原生安全将更好地适应多云架构，构建覆盖混合架构、全链路、动态精准的安全防护体系。

（4）Serverless 持续发展应用。作为云原生技术未来的演进方向，Serverless 正从观望逐渐落地。2024 年，阿里已上线超过 20 款 Serverless 产品，将用户需求高的产品逐渐 Serverless 化，进一步释放云计算能力。

（5）Kubernetes 编排统一化。在 PaaS 资源编排层面，Kubernetes 已经成为业界公认的事实标准，应用侧围绕 Kubernetes 生态加速演进，以 Kubernetes 为核心的云原生技术栈将推广到更多的应用场景。

5.2.2 知识图谱

1. 基本概念

知识图谱（Knowledge Graph）是一种结构化的语义知识库，用于以符号形式描述物理世界中的概念及其相互关系，构成网状的知识结构。它本质上是语义网络，通过节点（实体）和边（关系）将数据连接成网状结构，使得计算机可以更好地理解和处理复杂信息。知识图谱的核心组成包括知识建模、知识获取、知识融合、知识存储及知识应用 5 个模块。这些模块共同作用，使得知识图谱能够有效地描述和管理大量的知识，并在多个领域中发挥重要作用。知识图谱构建过程包括数据来源、标注、提取、整合、构建和维护等环节，需要使用到多种技术和工具，如自然语言处理、机器学习、图数据库等。

2. 发展现状（历程）

知识图谱作为一种基础性资源，在促进国民经济各个行业的知识化方面具有重要的意义。目前，我国社会各界对于知识图谱的应用种类繁多，在电商平台、企业信息、科技情报、创业投资、农林科技、医疗卫生、工业应用、影音娱乐等不同领域均有应用。

目前，国内企业界对于知识图谱的研究非常活跃，特别是一些大型互联网企业，对于知识图谱的需求是非常强烈的。其中，百度的知识图谱自从 2014 年上线开始，业务规模 3 年间增长了大约 160 倍；搜狗借助基于知识图谱的 AI 技术，使得其移动端的搜索流量取得了快速增长；腾讯利用自己的数据优势构建了自己的社交知识图谱，服务于众多的产品；基于知识图谱的个性化推荐系统则为阿里的营收增长起到了至关重要的作用。

在电力调度领域的应用，知识图谱将助力提高电力领域知识抽取、推理、存储和检索的智能化水平，服务电网信息搜索、调度运维、负荷精准预测、设备检修，并且通过进一与大数据、人工智能等技术融合，为电网安全高效运行提供辅助决策，将全面提升大电网资源配置能力。预计未来，知识图谱将与人工智能、数字孪生、5G 等先进技术深度融合，释放分析、可视、传感与通信的集成优势，构建形成更加全面、更加智能的电力系统知识图谱，在智能电力系统建设中发挥更大价值。

3. 典型实践

知识图谱技术可以有效应对知识存储数字化、资料信息知识化、知识应用智能化等知识管理需求，通过建设电力调度领域知识库，对电力系统分散、多维、结构复杂的数据进行智能化加工，在降低电力企业人员投入的同时，使得调度控制系统更懂电网。

（1）业务知识检索方面。依托知识图谱融合海量数据构建电力调度知识库，可实现电力调度业务知识的快速存储和获取，高效辅助调度员决策。2021 年 10 月，由南方电网数字集团研发的"基于知识图谱的企业信息大脑——南网智搜平台"成功入选工业和信息化部大数据产业发展试点示范项目。该平台实现数据的充分定位融合，有利于掌握整体的数据全貌，为企业经营管理提质增效。累计活跃用户 22.5 万人，累计搜索次数 1352 万次；日均活跃用户 1.6 万，日均搜索次数 15 万次。

（2）配网调度方面。融合自然语言处理（Natural Language Processing,

NLP）、知识图谱和语音交互技术，为配网智慧生产指挥提供辅助，促进作业流程规范化安全化，助力电网检修工作减负增效。比如，阿里云研发的虚拟配网调度员产品，高效支持浙江、江苏地区 10 余种口音精准识别，故障处置方案和设备查询准确率达到 90% 以上。竹间智能在南方电网调度中心构建了电力调度领域知识图谱，整合多个低压配电网信息系统中的数据，挖掘各数据之间关系并构建出低压配电网拓扑结构，实现对低压配电网信息系统中的户变关系的辨识。

4. 发展趋势

知识图谱作为一种强大的信息组织和表示工具，其未来发展前景受到社会各界广泛关注。随着人工智能和大数据技术的不断进步，知识图谱将在多个领域展现出更广阔的应用前景，并呈现出以下 4 个发展趋势。

（1）跨领域融合。知识图谱将更加注重跨领域的融合，将不同领域的知识结合起来，构建更为全面和综合的知识图谱。

（2）多模态融合。知识图谱将更多地融合多模态数据，包括图像、视频、声音等，以实现对多样化数据的理解和利用。

（3）动态化更新。知识图谱将更加注重动态更新和演化，及时吸纳新知识和信息，并根据用户需求和环境变化进行自我调整和优化。

（4）个性化应用。知识图谱将根据用户的兴趣和需求，更加注重个性化和智能化应用，为其提供定制化的知识服务和推荐，实现真正意义上的智能化辅助和决策支持。

5.2.3 大语言模型

1. 基本概念

自 2018 年谷歌提出 BERT 模型以来，预训练语言模型逐渐成为人工智能领域的最热门的研究热点之一，"预训练（Pre-training）＋精调（Fine-tune）"也成为 NLP 任务的新范式。在此背景下，大规模语言模型（Large Language Model）（简称"大语言模型"）应运而生，主要致力于研究如何通过自监督学习等方法，从海量大数据中自动训练和学习具有一定推理能力的人工智能模型，能够自动从大量的非结构化数据中学习、处理数据和生成结果，具有解决复杂问题的理解能力，向用户输出个性化内容。通常来说，大语言模型参数量达到百亿/千亿以上的规模，离不开"大数据"和"大系统（高效的计算集群和工程化）"的支持。

2. 发展现状

2021 年 1 月，国际人工智能领域专业团队 OpenAl 发布大规模多模态预训练模型 DALL·E 和 CLIP，谷歌发布 1.6 万亿规模预训练语言模型 Switch Transformer；同年 10 月，微软和英伟达发布 5300 亿规模的 Megatron-Turing 自然语言生成模型 MT-NLG。与此同时，随着开放 API 申请和微调功能，大语言模型应用生态也加速形成。其中，ChatGPT 因其在文本生成、问答、对话等领域出色表现，迅速成为史上用户增长速度最快的应用、并逐步向工业等领域拓展。

紧随国际知名机构，以阿里、百度、华为、腾讯、中科院自动化所等为代表的国内知名厂商和科研院所，相继发布通义千问、文心一言、盘古 Chat、混元、紫东太初等大模型系列。其中，阿里巴巴达摩院公布的多模态大模型 M6，是阿里巴巴达摩院开发的通用型人工智能大模型，其参数已从万亿跃迁至 10 万亿，成为全球最大的 AI 预训练模型，其认知和创新能力超越传统 AI，在制造业、文学艺术、科学研究等领域有广泛应用场景。2022 年 5 月 20 日，百度与国家电网就联合研发了行业大模型——国网—百度·文心大模型。2023 年 9 月 26 日，南方电网人工智能公司正式发布电力行业人工智能创新平台及自主可控电力大模型——大瓦特。

尽管大语言模型已经走出实验室并加快迈向市场化、商业化，但距离大范围实际应用场景要求仍然存在预训练模型理论基础尚未明确，数据质量、训练效率、算力消耗、模型交付等诸多障碍仍然普遍存在，以及多模态认知能力仍然相对困难等诸多问题，较大程度上限制了大语言模型向"通用领域"推广普及。

3. 典型实践

作为一种生成式人工智能（Generative Artificial Intelligence，GAI），大语言模型已经逐步具备深度理解语言并能够自主生成语言内容的能力，正广泛应用于金融、教育、医疗、能源等行业典型场景并提升其工作效率。其中，电力行业（发电、电网和辅助服务等）已经广泛应用大语言模型。

2023 年 9 月，深圳供电局上线电力行业首个多模态预训练大模型——"祝融 2.0"。该大语言模型让传统的电网 AI 技术拥有了类似 ChatGPT 的逻辑推理能力和文字表达能力，使得电力巡检系统不仅会看、会记录分析、会预警，更能看得懂、会推理、会表达，电网安全隐患告警有效率提升了 6 倍。基于祝融 2.0 大语言模型平台系统，深圳供电局已完成输电山火烟雾、外破隐患、安监违章行为等大模型研发；预计，每年可减少无效告警 30 万条、节省 125 人天。

与此同时，深圳供电局还与云南电网信息中心、昆明供电局联合开展输电山火烟雾模型验证工作，并初步将该技术用于两地输变电山火烟雾、外破隐患等巡检任务，识别准确率高达 98%。此外，深圳供电局还与云南电网建立联合攻关合作机制，加快"祝融 2.0"在输变配、安监、营销等领域的有效落地，并计划研发能辨别声音的"祝融"，为外力破坏等隐患的排查工作增添新的助力，推动电网户外复杂环境下数字化巡检效率提升。

4. 发展趋势

随着技术变革如火如荼推进，产业界正围绕理论研究、模型构建和场景应用等方面积极布局，推动大语言模型围绕产业融合、场景选择、多模态数据联合和全方位对接等方面呈现出多元化的发展趋势。

（1）大小模型协同并进，旨在通过模型量化、蒸馏等方式将大模型沉淀的知识与能力向小模型输出，构建"小模型执行任务、结果反馈大模型、闭环式循环迭代"的低耗能模式，有效应对模型部署、资源损耗、数据标注等方面挑战。

（2）行业领域垂直渗透，主要推动大语言模型前置融入垂直领域专业（有）知识，压缩模型训练过程对垂直领域的理解和适应周期，实现大语言模型能够快速对接特定场景、增量价值创造。

（3）多种模态深度融合，重点借助不同类型数据之间的相互关联和有机融合，增强图像、文字、视频、语音等多模态认知能力（智能），拓宽大语言模型应用领域广度、提高模型应用准确性和鲁棒性。

（4）公有私用专业对接，意指支持中小企业和专业化公司利用在线接口和服务，主动将自身专业背景和行业实践与大语言模型相结合，选择适合自身发展、成本可控的接入模式推动核心业务提档升级。

5.2.4　人工智能代理

1.　基本概念

人工智能代理（AI Agent）是一种复杂的软件程序，能够自主感知环境、做出决策并执行任务。它们通常基于机器学习和人工智能技术，具备自主性和自适应性，能够在特定任务或领域中自主地进行学习和改进。其中，核心功能主要包括感知外部环境、理解用户需求、执行相应任务，并可能进行学习。这种智能实体在大语言模型技术驱动下，可以高自动化地处理专业或复杂的工作任务，从而极大地释放人类的精力。比如，告诉 AI Agent 帮忙下单一份外卖，它就可以直接调用 App 选择外卖，再调用支付程序下单支付，无需人类去指定每一步的操作。与大语言模型相比，AI Agent 可以独立思考并做出行动；与传统 RPA 相比，AI Agent 则可以通过和环境进行交互，感知信息并做出对应的思考和行动。

2.　发展现状（历程）

2014 年，DeepMind 推出的引发全球热议的围棋机器人 AlphaGo，也可以看作是 AI Agent 的一种。与之类似的还有 2017 年 OpenAI 推出的用于玩《Dota2》的 OpenAI Five，2019 年 DeepMind 公布用于玩《星际争霸 2》的 AlphaStar 等。这些 AI 都能根据对实时接收到的信息的分析来安排和规划下一步的操作，均满足 AI Agent 的基本定义，其核心都是利用强化学习的方法来对 AI Agent 进行训练。

2021 年以来，大语言模型浪潮推动 AI Agent 相关研究快速发展。其中，大模型庞大的训练数据集中包含了大量人类行为数据，为 AI Agent 模拟类人的交互打下了坚实基础。与此同时，大语言模型涌现出的上下文学习能力、推理能力、思维链等类似人类的思考方式，正在推动 AI Agent 将复杂问题拆解成可实现的子任务、增强类人的自然语言交互能力、优化多模态环境下决策能力。

2023 年 8 月 3 日，人工智能初创公司 HyperWrite 正式推出了 AI Agent 的应用 Personal Assistant，能够帮助用户整理邮箱并起草回复、帮助用户订机票、订外卖、整理领英上适合的简历等，将 AI 能力无缝接入到用户的日常生活和工作流中。截至目前，Personal Assistant 还处于试用阶段，主要适用于网页浏览器场景。2023 年 7 月，阿里云推出国内首个大模型调用工具 ModelScopeGPT（魔搭 GPT），是一个能实现大小模型协同的 Agent 系统，支持开发者一键发送指令调用魔搭社区中的其他 AI 模型，进而实现大大小小的模型共同协作并完成复杂任务。这也是国内首款大模型调用工具 Agent。

3. 典型实践

作为国内探索 AI Agent 落地的先行团队，澜码科技正在打造基于 LLM 的企业级 Agent 平台，支持垂直领域专家通过 Agent 平台定义工作流程，完成工作方法论的构建，能够用于一线员工用自然语言提出需求并调度 Agent 完成任务，有效提升工作流程自动化的灵活性、准确性和高效率。

【案例 5-1】

澜码科技通过 AskXBOT 平台为某市监局打造了法律知识问答 Agent，用于提高消费者权益保护工作的效率。这款 Agent 能够基于法律知识库为用户提供法律问答服务，并支持多种法律任务的处理，包括查询、推理等。其准确率高达 90% 以上，不仅大大提高了市监局的执法效率，还有助于提升基层人员的执法经验，为市场监管领域的行业模型建立奠定了基础。

【案例 5-2】

针对某人寿保险公司在提升保险代理人销售能力方面面临的挑战，澜码科技同样运用 AskXBOT 平台，为其定制了保险产品营销顾问与销售培训 Agent。这款 Agent 积累了保险行业知识、产品卖点和销售技巧等关键信息，能够为代理人在产品咨询和销售提升方面提供全方位的支持。通过本地化大模型部署，Agent 还可以为代理人提供各个环节的销售辅助，使用满意度达到 90%。

4. 发展趋势

大模型的快速发展大幅推动了 AI Agent 的发展，也引领并支撑 AI Agent 未来成为重点应用场景。通过让大模型借助一个或多个 Agent 的能力，构建成为具备自主思考决策和执行能力的智能体，来继续实现通往 AGI（通用人工智能）的道路。

（1）AI Agent 是释放 LLM 潜能的关键，Agent 和人的合作将越来越多。得益于 LLM 能力边界的不断发展，AI Agent 展现出了丰富的功能性和潜在的成长性，随着 Agent 研究的不断发展，Agent 和人类的合作将越来越多，人类的合作网络也将升级为一个人类与 AI Agent 的自动化合作体系。

（2）AI Agent 已出现好用的 Demo 产品，有望在多个领域实现落地应用。在游戏领域，Agent 将推动游戏里面的每个 NPC 都具有自己的思考能力与行动路线，使得整个游戏的沉浸感体验会大大增强；在软件开发领域，Agent 可以根据目标自动完成代码生成、试运行、Bug 检查、Release 上线等过程。

（3）距离真正 AGI 还有很长的路，"Agent+"有望成为未来产品的主流。目前，Agent 调用外部工具方式是输出代码——由 LLM 输出可执行的代码，然后将其转换成一种机器指令，再去调用外部的工具来执行或生成答案。随着 Agent 变得越来越"可用"和"好用"，"Agent+"将成为未来主流产品的发展方向。

（4）环境反馈的强依赖性，2B 和垂直领域是 AI Agents 率先落地方向。Agent 能够提升一线员工的工作质量，通过将企业在私域业务上的知识与经验传授给 Agent，让 Agent 能够成为该领域一个虚拟的"专家"智能体，去指导和帮助一线员工技能提升和快速成长。

5.2.5 IPA 智能自动化

1. 基本概念

智能流程自动化（Intelligent Process Automation，IPA）是由机器人流程自动化（RPA）衍生而出的创新解决方案，其核心是通过机器人流程自动化（RPA）和人工智能（AI）技术的融合，实现业务流程的自动化和智能化。IPA 技术首先基于 RPA 技术实现业务流程、决策流程的自动化处理，其次结合集成机器学习、自然语言处理、计算机视觉、光学字符识别等 AI 技术实现智能判断、智能纠错、自我学习、智能决策等功能，并组合应用智能业务流程管理（iBPM）、低代码开发平台（LCDP）、流程挖掘（PM）等技术方案，最终实现业务流程自动化、智能化水平的有效提高，进一步提升企业业务流转效率及压缩成本。相较于 RPA 技术，IPA 技术应用能够进一步实现智能感知识别、智能决策推荐、智能执行、智能优化改进操作等功能，可被广泛应用在规则化、重复性的业务流程中。

2. 发展现状（历程）

IPA 技术由 RPA 技术迭代而来，RPA 技术发展历经 1.0 → 4.0 的演变，从 1.0 的简单辅助自动化任务处理迭代到 4.0 的融合机器学习、自然语言处理技术等 AI 技术，形成了能够智能决策和智能自适应流程管理的 IPA。

从演进历程来看，RPA 3.0 已经实现了 $7 \times 4h$ 的高效自动化执行重复性、机械性劳动的程序任务，但其缺乏判断能力，无法改进优化流程。随着 AI 技术的快速发展，RPA 技术融合 AI 技术，迭代出更加自动化、智能化的 IPA 技术，此过程体现了数智时代企业数字化转型及业务发展需求由自动化转向智能化的过程。

在融合了 AI 技术后，IPA 技术应用以核验、信息查询等主流自动化场景为代表，获得企服市场的充分认可。目前，国内 IPA 厂商主要有实在智能、亚信科技、紫光云、百度云等。其中，实在智能于 2022 年发布"人人可用"的创新 IPA 模式 RPA，为运营商、金融、电商、政务等行业数字化提供智能化解决方案；亚信科技推出 AIPA 机器人流程自动化智能研发平台，已广泛应用于银行、电信、零售等行业场景；紫光云 IPA 整体解决方案已在多个企业集团的财务系统、人力系统、政务信息统计系统等落地实践；百度云推出数字员工 IPA，已应用于金融智能化、智慧政务、未来银行等解决方案中。随着 AI 技术的蓬勃发展及多项 AI 技术的融合协同应用，IPA 技术的应用场景也将愈发广阔。

3. 典型实践

IPA 可广泛应用于审计、财务、客户服务、供应链管理及人力资源等多个领域，如发票处理、工资核算、可疑交易识别、邮箱收件自动化、人机协同审计等。

（1）金融领域。招商银行已全面建成自主研发的"海螺"RPA 平台、并在各分行普遍使用，基于"海螺"RPA 已实现大量重复、烦琐工作的自动化流程，但因缺少智能判断功能仍需员工每月主动判断核对一次。因此当 RPA+AI 迭代为 IPA 技术时，将进一步实现智能判断、审验。同时在风险控制、背景调查等必要内控流程中嵌入 IPA 技术，将进一步实现可疑交易识别、报表数据生成、更新、纠错预警、授信业务初审处理等功能。

（2）财税领域。针对内部报销需求，科大讯飞上线 IPA 报账机器人，推动线上、线下双线程报销流程高效运行，即实现业务审批流程的智能审单、自动入账付款、智能硬件归档留存票据二维码；IPA 报账机器人上线后，员工报销时间由原来的 15min 缩短到 5min、效率提升了 66%，公司可以实时追溯检查预算和费用标准，并对线上信息流和线下实物流实现闭环管控、一码联查。基于国税规定及企业开票需求，百旺金穗云以 IPA 技术为依托，开发出一套"智能赋码"软件，帮助纳税人提高开票编码选择准确性，提高开票效率。

4. 发展趋势

随着人工智能技术的蓬勃发展，IPA 技术将不断向更高智能化、更灵活性方向演进迭代，应用领域及场景也将不断扩展，其未来发展呈现以下几个趋势。

（1）多技术融合集成实现智能化提升。IPA 技术将继续在 RPA 技术的基础上，融入更多的人工智能技术、集成其他应用系统，从而实现更高级别的自动化和智能化。多技术及系统的集成融合将成为流程自动化产品的标配。

（2）更高层次的人机协同工作模式。IPA 技术在审计行业受到广泛青睐，通过用于构建审计认知模型、提取识别非结构化信息，以及实现流程自动化，形成了高效、便捷的人机协同工作方式。随着技术的发展迭代，IPA 技术将被更广泛应用，从而促进更高层次的人机协同工作模式的实现。

（3）创新、简化的开发模式。随着 RPA 技术的普及以及企业业务需求的演变，未来 IPA 开发模式必将更加注重用户体验和开发效率，如采用"点选用"等开发模式，简化开发流程、轻量化交付运维。

5.3 电力生产统计数智化转型展望

5.3.1 超级自动化

1. 基本背景

面临人口红利向人才红利转化和经济社会高质量发展要求，企业组织面临的运营效率、成本控制、客户服务等方面压力越来越大。比如：随着统计领域的不断拓展，电力生产统计工作逐渐向电源全过程、全要素、全链条覆盖和智能化采集升级，实现日电量智能监测、深化监测模型应用和全社会用电量按日发布，更加精准地为把握经济运行走势、研判未来经济发展趋势提供支撑。在此背景下，以业务为驱动的超级自动化理念应运而生，已为不少"交易流程复杂、互动频次繁复、参与主体多样、数据稠密度高"等特征的企业所关注。Salesforce 和 Vanson Bourne 调查数据显示，企业对超级自动化需求激增，近80% 的企业将在未来 2 年实施超级自动化计划。

2. 主要优势

超级自动化是机器人流程自动化、流程挖掘、低代码等多种技术与软件工具的有机结合体，可实现软件系统的泛在连接和端到端的自动化。一方面，超级自动化能够在数字产业化和产业数字化进程中发挥示范和引领效应，提速数字经济发展；另一方面，超级自动化能够简化业务流程、提升业务执行效率，助力企业实现降本增效提质并释放创新活力，从而提升综合影响力和核心竞争力。与传统单一的信息化相比，超级自动化转型程度更深、涵盖范围更广、波及程度更深。

（1）更加灵活。通过集成多种自动化技术，比单一的数字化技术更为灵活。

（2）信息高度集成。企业可以集成跨系统跨平台的数据信息，实现系统间信息孤岛打通、更好地访问数据。

（3）提高生产力。烦琐复杂的工作自动化，能最大化释放员工潜能、最大限度地激活人力资本价值。

（4）提高投资回报率。借助强大的分析工具功能和高超的专业分析能力，帮助组织优化战略决策、挑战资源部署、完善经营策略、预判重大决策等。

3. 未来趋势

超级自动化已经在多个行业得到了广泛应用，包括财务会计、人力资源、IT 运维、运营服务、政务、制造、银行、证券和保险等领域。在电力系统，我国电力企业已有不少探索超级自动化的案例。如电力 RPA 机器人可以根据（外部输入）市场需求和企业年度排产，在现有系统基础上自动完成重复性任务，降低运营维护成本、提高效率、提升决策质量。但与"组织的业务都应该自动化"理想要求相比，推动公司核心业务向超级自动化转型仍有不小的距离。作为电力生产统计数智化转型的动态式演进图景和发展方向，超级自动化必有助于充分发挥"RPA+"的技术特征和黏合优势，逐渐将与核心业务相关的最新业务和资源有机整合，支撑核心业务顺延"数字员工→数字助理→数字专家→自主智能体"路径，不断提升电力生产统计中心工作的数字化智能化服务水平。

5.3.2 知识图谱应用

1. 基本背景

随着风电、光伏、生物质等新能源以及储能发展，电力"源网荷储"及其辅助系统不断扩大，驱动电力系统数据、业务、知识等均呈爆炸式增长，新技术、新算法、新功能迭代加速、关系交织，导致基于传统关系型数据库技术的信息管理体系，越来越难以适应新型电力调度系统大规模、复杂网络结构高并发、数据资源广覆盖等客观要求。

在此背景下，电力领域知识图谱应用逐渐被重视。比如，电力调度领域以知识表示和知识推理为基础，实现电力领域知识抽取、推理、存储和检索的智能化，服务电网信息搜索、调度运维、负荷精准预测、设备检修，并通过与大数据、人工智能等技术融合提升大电网资源配置能力。与电力调度领域相比，电力生产统计覆盖发电、供电、用电、电量平衡、设备设施和能源消耗等统计内容，且各方面内容数据结构趋于多元化、数据呈现指数级上升、数据（业务）逻辑关系日趋上升，使得传统电力数据库管理系统和体系越来越难以适应当前工作需求和产业发展趋势，亟需针对特定场景和服务诉求引入知识图谱管理体系。

2. 主要优势

与传统数据资源存储、检索和管理等系统相比，知识图谱立足于结构化、语义化、关联性和深度化等技术特征，拥有关系表达能力、常识推理能力、可解释性高、数据整合与统一、高性能数据操作、语义丰富解析、智能决策支持以及增强搜索和推荐系统、促进知识发现和学习。一方面，知识图谱能够提升搜索引擎的准确性和丰富性，通过关联查询和实体识别提供更准确的答案，并在个性化推荐中理解用户需求。另一方面，知识图谱通过可视化技术揭示知识领域发展规律，帮助学习者更深入地理解和掌握知识，促进深层次认知发展。

正是基于以上技术特征和独特优势，知识图谱已经在包括电力在内的多个行业领域展开应用。比如：在业务知识检索方面。电力调度领域存在"数据不知道怎么融合、不明白如何组织、不清楚有没有、不了解在哪找、不确定如何找"的"五不"难题。依托知识图谱融合海量数据构建电力调度知识库，可实现电力调度业务知识的快速存储和获取，高效辅助调度员决策。比如：2021年10月，南网数字集团研发的"基于知识图谱的企业信息大脑——南网智搜平台"能够实现数据的充分定位融合、明确了数据管理的对象、规范了数据管理能力，有利于掌握整体的数据全貌，为企业经营管理提质增效。

3.　未来趋势

根据《国家电网有限公司统计报表制度（2023 年统计年报和 2024 年定期报表）》（发展统计〔2023〕26 号），国家电网（公司）统计指标体系涵盖投资、生产、经营等 13 个部分，涉及统计报表 313 张，收录统计指标 5470 项。再加上电力生产统计大多属于中高频的日数据，使得电力统计工作面临的数据维度、规模体量和检索频次等指数化攀升，对统计工作及其保障电力生产经营业务高效开展提出巨大挑战。比如：生产统计业务学习、统计报送岗位培训、统计数据快速检索和统计数据误判校核等，都可能因为海量数据增长而形成对生产统计工作的巨大压力。

针对海量知识汇集、数据关系累积和数据资源叠加等形成的数据治理挑战，基于知识图谱的数据库管理系统必将能够发挥其技术特性和平台优势，围绕业务学习、岗位培训、快速检索和数据校核等提供高效服务。有鉴于此，电力生产统计数智化转型亟需围绕业务专家和图谱专家建立良好的沟通协同机制，促进知识图谱技术与生产统计业务的深度融合，建立健全良好的统计业务知识运营体系和机制，协同开展知识图谱技术在生产统计业务领域的图谱本体设计和工程化应用开发。

5.3.3 大语言模型应用

1. 基本背景

电力统计数据是政府制定国民经济和社会发展规划基础，是国家实施宏观调控的重要依据。在应用实践中，电力统计数据不仅为政府部门分析产业现状、优化调整产业结构、开展节能减排等提供电力统计信息，也为电力行业主管部门编制电力规划、规范市场秩序、优化电力能源开发利用等提供服务，还为社会公众了解电力生产、电力供应情况、参与社会经济活动提供资料。

以"电力看经济"为例，我国各级政府部门通过分析电力数据，能够更加快速、高效、准确地监测和评估经济活动的变化趋势，提升宏观经济决策、资源配置、公共服务等决策质量。随着实体经济和数字经济深度融合，来自政府部门、社会机构和业务部门的数据服务需求却提出更高要求。相比之下，现有电力信息系统平台仍然难以面向社会公众和政府部门提供高效"问数"服务，难以针对与经济社会生活高度相关的电力数据问题给出令人满意的答案，难以快速响应来自跨部门、跨体系、跨层级的集成化电力数据服务诉求等。

2. 主要优势

作为从海量大数据中自动训练和学习具有一定推理能力的人工智能模型，大语言模型从诞生之日起就凭借其自身拥有强大的学习和推理能力，能够快速分析海量的运行数据，发现隐藏的规律和模式，在以能源（电力）为代表的行业率先开展应用，其中包括但不限于智能客服与用户互动、文档自动化与管理、知识管理和培训、智能运维与故障诊断、政策解读与合规检查、数据分析与预测、市场分析与竞争情报等重要功能领域。其中，在需求预测方面，大语言模型通过分析历史用电数据，可以预测未来的电力需求。在自然语言处理方面，大语言模型可以理解和生成自然语言，使电力公司的客户服务更加人性化。

以电力设备实体判别为例，国家电网与百度合作、共同探索了行业大模型机制。基于通用文心大模型，引入电力业务积累的样本数据和特有知识，并且在训练中结合国家电网和百度在预训练算法和电力领域业务与算法的经验，设计电力领域实体判别、电力领域文档判别等算法作为预训练任务，让文心模型深入学习到了电力专业知识，在国家电网场景任务应用领域不断拓宽。这不仅提升了传统电力专用模型的精度，而且大幅降低了研发门槛，实现了算力、数据、技术等资源的统筹优化。

3. 未来趋势

随着技术的不断进步、应用场景的拓展和算力基础设施日趋完善，大语言模型将在电力行业中发挥越来越重要的作用，推动电力行业的数字化转型和智能化发展。截至目前，我国已经在智能电网与新能源管理中形成较为领先的大模型应用案例。比如：南方电网构建了首个自主可控的跨模态电力行业专业大模型"大瓦特"，覆盖自然语言处理和计算机视觉等领域。该模型应用于电力决策、电力图像分析、电力问答等多个方面，提升了电力系统的智能化水平；深圳供电局上线了电力行业首个多模态预训练大模型"祝融2.0"，它赋予了传统电网 AI 技术类似 ChatGPT 的逻辑推理能力和文字表达能力，提升了电力巡检系统的智能化水平。

展望未来，随着"降成本、提速度、搭平台"生态体系日益健全，当前主流的大模型参数竞赛将逐渐向大小模型协同进化，即大（参数）模型向边、端的小模型输出模型能力，小模型负责实际的推理与执行，同时小模型再向大模型反馈算法与执行成效，继而增强大模型能力、形成有机循环的生态化智能体系。这必将为大语言模型深度应用电力生产统计业务流程和工作环节创造有利条件，支持电力生产统计数智化转型实现实时监控与预警、数据处理与分析、多元知识库融合等功能，重点面向生产统计、设备维护、运营监测等业务提供高质量"问数"服务。

5.3.4　智能代理应用

1. 基本背景

随着大数据时代的全面到来和"实数融合"发展的加快推进，数据"爆

105

炸"、信息过载、多任务协同和复杂决策支持等不断超出传统手工处理和自动化处理系统的承载能力。比如，涵盖文本、图像、视频等多类型的海量数据已经超出人工处理能力，指数式增长的过载信息对传统自动化处理系统提出更高要求，在线式、实时性的多任务协作工作机制对人与人的交流提出更高要求，多样化、复杂性的决策机制对传统模式下的决策质量和效率提出新的挑战等。

所有这些都表明，借助"一种能够感知环境、进行决策和执行动作的智能实体"为人类活动提供辅助和支持，已成为当前数字经济广泛渗透的发展阶段和海量数据与复杂决策动态交织的市场环境下的必然选择。以国家电网统计指标体系为例（2024 年），313 张统计报表、5470 项统计指标及其多重勾稽关系和交互作用所产生的数据处理、信息分析、决策支持等事项可能呈现指数式增长，其对相互作用效率、效能和效果等提出更高要求，继而远超过传统手工处理能力和自动化处理系统。

2. 主要优势

作为大语言模型技术的重要应用之一，智能代理（AI Agent）具备推理规划、记忆存储、知识沉淀、执行工作等能力，是智能化时代的新型劳动者，是新质生产力的代表。与大语言模型相比，智能代理可以独立思考并做出行动，即根据给定目标任务，详细拆解出每一步计划步骤，并依靠来自外界的反馈和自主思考，自己给自己创建 Prompt，最终实现目标任务。与传统的 RPA 相比，智能代理能够处理未知环境信息，即可以通过和环境进行交互，感知信息并做出对应的思考和行动。

综合比较来看，智能代理在推动数智化转型方面至少具有以下 3 个方面的突出优势或重要价值。

（1）智能代理是智能化时代的新型劳动者，是新质生产力的代表，对引领生成式人工智能应用具有重大意义。

（2）智能代理能够有效统筹多模态数据源，沉淀专家知识等非结构化数据，实现数据价值化、资产化和资本化，是激发数据要素的重要手段。

（3）智能代理能够统领各类数智化工具，沉淀用户行为数据和案例及专家决策机制和经验,赋能现有数字化系统并继而实现企业数字化建设真正落地。比如,智能代理能够结合大模型、专家知识和企业内部各类组件工具,优化文档处理、表单填写和流程生成处理等工作流程,有助于大幅提升数字化系统的使用体验和智能化程度。

3. 未来趋势

作为尚处于起步的新兴数智化技术,智能代理目前已经逐步迈入到探索科研和试点速赢阶段。考虑到企业用户落地智能代理既取决于企业自身数字化和发展阶段,也依赖于企业自身可能的整体预算投入规模体量和实施周期,还受到应用场景能够对企业核心竞争力增强的实际作用和潜在价值。

综合来看,现阶段智能代理在企业用户中落地主要有以下两方面的特征。一方面,能源、金融及政务是智能代理落地进展最快的 3 个行业(领域),主要是数字化预算投入大,数字化基础能源、施相对完善。比如,金融行业围绕着合规、投研和信贷、运营等场景落地,能源行业围绕智能巡检、电力设备维修、电力调度优化、电力负荷预测等场景落地。另一方面,落地场景选择主要以生成类(辅助)应用为主,决策类应用相对偏少或偏窄。比如,落地场景主要集中于办公、财务、营销等,其中办公和财务是涉及员工人数多,营销是对业务增长有明显助力。

展望未来,随着信息技术不断进步和场景渗透日益深入,智能代理必将成为电力生产统计数智化转型的重要工具。比如借助智能代理开展大语言模型训练和沉淀专家 / 业务知识,实现(省、市、县 / 区 / 市三级)电力生产统计报表制作实现自动化处理、自主校核和自动报送等,优先完成电力统计工作涉及数据量最大、校核难度最大、异常 / 风险点最集中的工作场景数字化改造和数智化转型。

5.3.5　数据价值化探索

1. 基本背景

随着我国实体经济和数字经济融合发展逐渐步入"数据要素赋能为核心

2.0 版"阶段，数据要素日益成为提升生产效率、优化资源配置、推动产业创新发展的强大动力。2023 年 12 月 31 日，国家数据局等 17 部门联合印发《"数据要素 ×"三年行动计划（2024—2026 年）》，提出"以推动数据要素高水平应用为主线，先行聚焦绿色低碳、工业制造、现代农业、商贸流通等 12 个领域，推动劳动力、资本等要素与数据要素的协同作用，推动数字经济发展进入激活数据要素价值的新阶段"。因此，电力行业（企业）抢抓"数据要素 ×"全面推进的有利时机，立足自身电力涵盖"发、输、变、配、用"的技术设施基础，主动紧扣国家战略部署和数据市场需求开发电力数据资源、激活电力数据要素价值和培育新的业务增长空间等均具有重要战略价值和现实意义。

2. 主要优势

长期以来，国家电网（公司）先行探索开展数字化转型，重点围绕数据贯通、数据治理、数据应用等做了大量基础工作，属于能源行业、电力工业和央企体系中数字化发展水平较高的方阵，具有数据资源挖掘、数据要素激活和数据资产评估等夯实的体制机制优势和技术设施基础。与此同时，电力数据的"天然特征"决定其具有"覆盖面广、渗透度深、实时性强、数据质量高"的独特优势。

（1）数据体量大。电力系统覆盖发电、输电、配电、用电等多个环节，每个环节都会伴随电力"发、供、用"等多种行为产生大量的数据。

（2）数据类型多。电力数据不仅包含结构化的数据，还包括半结构化数据和非结构化数据。如电费账单、XML 日志文件、视频监控录像等。

（3）实时程度高。电力系统的运行需要实时或近实时的数据处理能力，能够借助大量的传感器数据实时监测，实时捕捉用电侧用户电行为变化。

（4）准确性高。电力数据采集、传统和存储等流程相对闭环，直接来自"网、源、侧"自动化感知，直接受到"外界"非规则的不确定性污染较小。

（5）关联性高。电力作为最重要的能源载体和能量形式，广泛渗透于社会生活方方面面，能够直接反映工农业生产、社会服务和居民生活等动态。

3. 未来趋势

数据产业作为时代变革中的重要组成部分，正逐步成为国家经济发展的新引擎。《数据产业图谱》显示，2020 年全国数据产业规模为 1 万亿元，而到了 2023 年，这一规模已增长至 2 万亿元，年均增长率高达 25%。未来，数据产业将继续保持高速增长态势，2024—2030 年年均增长率有望保持在 20% 以上，到 2030 年数据产业规模将达到 7.5 万亿元。

随着数据要素市场不断成熟和交易机制不断健全，包括电力行业在内的行业领先者开始介入数据市场、发布数据产品。2024 年 3 月，国网浙江电力推进存量数据资产登记和确权工作，2 款数据产品"用能宝用能分析""碳金融"获浙江省数据知识产权登记证书。2024 年 9 月，南方电网在数博会"电力算力协同暨电力数据要素市场发展"的交流活动上，举行 2024 年首批电力数据产品集中上架数据交易所仪式。

面临快速增长的庞大数据要素市场，覆盖"发、输、配、用"全环节的电力数据能够立足精准、及时、准确地反馈工农业生产动态、服务业发展状态和居民社会生活情况等的独特优势，充分赋能政府部门、工商业单位、金融机构和学术团队等方方面面，有望成为市场上规模最大、最具特色、最有优势的重要数据资源。因此，深化数据资源挖掘能力、提升数据要素价值增值，必将成为电力生产统计数智化转型下一步发展的重要方向和重点领域。

参 考 文 献

[1] Matt C, Hess T, Benlian A. Digital transformation strategies [J]. Business & Information Systems Engineering, 2015, 57(05): 339-343.

[2] Agarwal R, Guodong G, DesRoches C, et al. The digital transformation of healthcare: Current status and the road ahead [J]. Information Systems Research, 2010, 21(04):796-809.

[3] Majchrzak A, Markus M L, Wareham J. Designing for digital transformation: Lessons for information systems research from the study of ICT and societal challenges [J]. MIS Quarterly, 2016, 40(02):267-277.

[4] 翟云，蒋敏娟，王伟玲. 中国数字化转型的理论阐释与运行机制 [J]. 电子政务，2021，（06）：67-84.

[5] 刘渊. 关于数字化改革理论内涵的解读 [J]. 政策瞭望，2021，（03）：31-32.

[6] 吴江，陈婷，龚艺巍，杨亚璇. 企业数字化转型理论框架和研究展望 [J]. 管理学报，2021，18（12）：1871-1880.

[7] 杨国安. 数智革新：中国企业的转型升级 [M]. 北京：中信出版集团，2021.

[8] Syed R, Suriadi S, Adams M, et al. Robotic process automation: contemporary themes and challenges [J]. Computers in Industry, 2020, 115: 103162.

[9] Fischer M, Imgrund F, Janiesch C, et al. Strategy archetypes for digital transformation: Defining meta objectives using business process management [J]. Information & Management, 2020, 57(5): 103262.

[10] Ma Y W, Lin D P, Chen S J, et al. System design and development for robotic process automation[C]//2019 IEEE International Conference on Smart Cloud (Smart Cloud). IEEE, 2019: 187-189.

[11] Huang F, Vasarhelyi M A. Applying robotic process automation (RPA) in auditing: A framework [J]. International Journal of Accounting Information Systems, 2019, 35: 100433.

[12] Vaishnavi V, Kuechler W. Design Science Research in Information Systems Overview of Design Science Research[J]. 2015, 10.1201/b18448:309-366.

[13] Gotthardt M, Koivulaakso D, Paksoy O, et al. Current state and challenges in the implementation of smart robotic process automation in accounting and auditing [J]. ACRN Journal of Finance and Risk Perspectives, 2020.

[14] Syed R, Suriadi S, Adams M, et al. Robotic process automation: contemporary themes and challenges [J]. Computers in Industry，2020, 115: 103162.

[15] Watson W R T .Analyzing the Past to Prepare for the Future: Writing a Literature Review [J].

Mis Quarterly, 2002, 26(2):xiii-xxiii.

[16] Leshob A, Bourgouin A, Renard L. Towards a process analysis approach to adopt robotic process automation[C]//2018 IEEE 15th international conference on e-business engineering (ICEBE). IEEE, 2018: 46-53.

[17] Curtis B, Kellner M I, Over J. Process modeling[J]. Communications of the ACM, 1992, 35(9): 75-90.

[18] Willcocks, Leslie, M. Lacity, A. Craig. Robotic process automation: strategic transformation lever for global business services [J]. Journal of Information Technology Teaching Cases 7.1(2017):1-12.

[19] Lamberton, Lauren, J. Devaney, and L. Bunting. New Challenges in Family Support: The Use of Digital Technology in Supporting Parents.[J] Child Abuse Review 25.5(2016).

[20] Schmitz M, Stummer C, Gerke M .Smart Automation as Enabler of Digitalization? A Review of RPA/AI Potential and Barriers to Its Realization: Successful Positioning of Network Operators in the Digital Age [J]. 2019.

[21] 李喆，李进宝．2024 爱分析·中国 AI Agent 市场研究报告 [R]．爱分析，2024.

[22] 浦俊懿，陈超，谢忱．AI Agent：基于大模型的自主智能体，在探索 AGI 的道路上前进 [R]．东方证券，2023.

[23] 张良卫，郭若娜．AI 时代新起点，寻新投资方向〔三〕AI Agent，大模型时代重要落地方向 [R]．东吴证券，2023.

[24] 南方电网电力调度控制中心 CDAI 创新工作室，等：数字电网调度领域新技术成熟度报告 [R]．南方电网电力调度控制中心，2022.